© 2014 für diese Ausgabe by
TRANSIT Buchverlag GmbH
Postfach 121111 | 10605 Berlin
www.transit-verlag.de

Umschlaggestaltung, unter Verwendung
eines Fotos von Renate von Mangoldt:
Kurfürstendamm, Ecke Uhlandstraße, 1973,
und Layout: Gudrun Fröba
Druck und Bindung: Pustet, Regensburg
ISBN 978 3 88747 309 9

62	Die andere Hälfte
66	Ballade Berlin
70	Rathenauplatz
73	Cavallo bianco
76	Plötzlich im Havelland
79	Der kleine Unterschied *oder* Ein Amerikaner in Berlin
81	Selbstporträt mit Luftbrücke
84	Optimistenbunker
86	Sony
88	Sponsoren
89	Neujahrswunsch 1996
94	Keine Courage
96	Wunschzettel auf dem Forum Germanicum
104	Am Gendarmenmarkt
106	Pflastersteine
107	Küsse für den Großen Kurfürsten
109	Bald bricht der Flieder los
110	George-Grosz-Platz
111	An einem leicht bewölkten Frühlingsabend
115	Luise, Königin
117	Logischer Garten · Neue Zeit · Café am Nollendorfplatz
118	Teufelsbergblick
120	Dt. Widerstand
121	Fast an jeder Straßenecke
122	Für den Radfahrer, der mich totfahren wird
126	Quellen- und Copyright-Hinweise
128	Friedrich Christian Delius · Renate von Mangoldt

Vorwort

Zwei Jahre nach dem Mauerbau kommt ein junger Mann nach Berlin. Er verlässt die westdeutsche Provinz, um hier zu studieren, und setzt sich damit einer abenteuerlichen, irritierenden Stadt aus, in der deutsche Geschichte, deutsche Katastrophen und die damals aktuelle Weltpolitik so präsent sind wie sonst nirgends. Eine Stadt, in der man sich erstmal beweisen und damit sich selbst finden muss. Eine Bewerbung fürs Leben.

Seit 1963 also ist Friedrich Christian Delius in Berlin, einer Stadt, die ihn immer wieder gelockt, verwundert, provoziert, geärgert und inspiriert hat. Und in der er zum Autor wird. Die Mischung aus Endzeitstimmung und Abenteuerlust in den frühen sechziger Jahren, die Grenzerfahrungen im Kalten Krieg zwischen Ost und West, die politischen Aufbrüche und das verbiesterte Festhalten am Gewohnten, die Kultivierung des Inseldaseins, die Euphorie 1989, der rasante Sprung ins neue Jahrtausend und die manchmal ernüchternde Landung danach – all das spiegelt sich in den hier zusammengestellten Gedichten, Romanauszügen, polemischen Wortmeldungen und kurzen Notizen wider, in denen Berlin (in wechselnden Perspektiven, in den Augen literarischer Figuren) immer wieder eine tragende Rolle spielt.

Den Reiz seiner Beobachtungen machen die Widersprüche aus: die Gleichzeitigkeit von internationalen Krisen und Vorort-Idyllen, Maulheldentum und Ängstlichkeit, weltstädtischer Pose und bellender Kleinkariertheit, von Ruinen und glänzenden Kulissen. Und all das in ironischen, auch selbstironischen und pointierten Formulierungen, die sich mit Freuden dem vorfabrizierten Berlin-Bild damals wie heute entziehen. Das Atmosphärische bleibt ihm dabei immer das Wichtigste – so wie der Fotografin Renate von Mangoldt, deren spannende, unbefangen erzählende Stadtfotos aus den siebziger und achtziger Jahren die Texte von Delius teils begleiten, teils zeitlich kontrastieren.

Dieses Buch, dieses Album versammelt Texte aus mehr als fünfzig Jahren. Es macht Vergnügen, weil es Verrücktheiten und Zumutungen aufruft, für die Berlin stand und steht. Und es regt ein Nachdenken darüber an, was diese Stadt heute bedeutet und was aus ihr werden könnte – für die jungen Leute, die es jetzt hierher zieht.

R.N., Berlin, im Juli 2014

Bahngelände, Blick in Richtung Funkturm
Charlottenburg, 1973

Der Bahnhof die Mitte der Insel

Ausgestiegen unter dem Dach des Bahnhofs Zoo nach einer taglangen Reise, müde von der langsamen, rüttelnden Fahrt, müde vom störrischen Halten unterwegs vor Signalen und Grenzen, gleichgültig geworden nach den zweifachen, vierfachen Kontrollen des Gesichts, des Passes, betäubt vom Geruch brauner Kunstlederpolster, zugiger Toiletten und grimmiger Desinfektionsmittel, erschöpft von der Enge des Abteils voll mit älteren Leuten, Wettergesprächen und verängstigter Dienstfertigkeit vor Uniformmenschen mit Hammer und Zirkel auf dem Mützenschädel, erheitert von Bahnhofsschildern wie Niederndodeleben, Kirchmöser, Golm, nach acht oder zehn Stunden mäßig ernährt von Wurstbroten, Käsebroten, Apfelsinen und einem Kaffee im Mitropa-Speisewagen, immer mal wieder einige Atemzüge lang verstört von der realen Unwirklichkeit eines Interzonenzuges, der trotz des Untergangs des Deutschen Reiches im Namen einer Deutschen Reichsbahn, die der Zone genannten DDR gehörte, die Reisenden von Westen in den Westen Berlins oder weiter in den Osten verfrachtet, eingeschachtelt vom Regen und mäßig gewappnet gegen die Lächerlichkeiten des Alltags mit der Lektüre des Taschenbuchs *Leben und Meinungen des Herrn Tristram Shandy*, schläfrig vom regelmäßigen Schlag der Räder auf Schienenlücken und von der Dunkelheit der letzten ein, zwei Stunden, von sekundenlangen Blicken auf winzige Lichtpunkte in einer totenstarr liegenden Landschaft, aufatmend im endlich erreichten Westen vor den ersten hellen Fenstern und Laternen in Wannsee, beim langsamen Rollen über den Straßen von Charlottenburg, und beim Quietschen der Bremsen und dem Anblick des langen Bahnsteigs entschlossen nach den zwei billigen Koffern greifend –

So erreichte er die leuchtende Insel Berlin, ein Nachtwandler aus den hessischen Wäldern, ein Flüchtling aus den Häusern der Gebete und Gebote, so kam er zum ersten Mal mit dem Zeugnis der Reife im Koffer und dann als Student immer wieder, drängte Treppen hinab, wurde durch die Sperre geschoben, schob durch die Sperre, hinter der ihn niemand erwartete, gab die Fahrkarte ab, ging breitere Treppen hinunter, und je mehr er hinabstieg, desto mehr fühlte er mit jedem Schritt sich einsteigen in die große, die unendliche Stadt mit ihren unendlichen Möglichkeiten, war gleichzeitig gerettet und unerwünscht, angeworben und abgewiesen, nicht richtig angekommen und doch schon Teil eines flinken, sich drehenden Bildes, am Rand einer Drehscheibe aus eiligen Menschen, Bahnen, Bussen, Autos, aus Fassaden, Schaltern, Schildern, aus Lärm, Dreck, Licht: das Ziel war erreicht, der Bahnhof die Mitte der Insel. Niemand streckte ihm die Hand entgegen, eher schubste man ihn, raunzte, schaute von ihm weg, trotzdem war er sicher, am richtigen Ort zu sein. Unter der blinkenden Botschaft *Persil bleibt Persil* lief er vorbei an schwarzen Taxis auf den Bahnhofsvorplatz zu den Bushaltestellen, ließ den Blick erleuchtete Hochhäuser hinauffahren, atmete die erfrischende Abendkälte, die pausenlosen Geräusche der S-Bahnen, Dieselmotoren und Hupen ein, spürte den Strom der zuckenden, blinkenden Leuchtreklamen *Berlin spielt Lotto* und merkte, wie der Körper sich umstellte vom langsamen Takt der schlagenden Eisenbahnräder auf den schnellen Wechseltakt der Verkehrsampeln und der unruhigen Lichter. Der Körper traute dem festen Boden unter den Füßen noch nicht, der Körper musste erst lernen, dass es in dieser Stadt keinen festen Boden unter den Füßen gab, und schwankend vor seiner eben beginnenden Zukunft wartete er an der Haltestelle, ein Bein neben dem größeren Koffer, mehr besorgt wegen seiner eigenen, unnötigen Angst als wegen möglicher Diebe, stieg in den Bus und ließ sich nah an sein möbliertes Zimmer fahren in Steglitz Wilmersdorf Schöneberg…

Grosser Zoo

Wenn die Wärter nachts
den bevorzugten Tieren die Stadt zeigen,
Wilmersdorf, Lankwitz, Frohnau,
und sie mir dann begegnen,
nachts auf dem Heimweg,
grüße ich mit Verbeugung,
wünsch guten Abend,
versessen auf besseren Eindruck
der Säugetiere von ihresgleichen,
bereit zu Verständigung, bereit
zu Bruderschaft –
wenn nur die Wärter nicht wären
zwischen uns, zwischen Rüssel und Hirn.

Grüne Woche

Die Straßen waren voll, die Bauern in der Stadt. Mit Bussen, mit Dieselkutschen, mit der Deutschen Reichsbahn, Zehntausende hatten die Grenzen zweimal passiert und atmeten vorsichtig auf im freien Teil der Stadt. Sie belebten die Gegend um den Funkturm, fuhren mit dem Fahrstuhl hinauf auf den Funkturm und sahen die Felder der Dächer und die Grunewälder, sie fuhren hinunter und hinein in die Stadtrundfahrt, brauchten Bier nach dem Mauerblick. Sie hatten ein paar Tage frei, wann hat der Landwirt schon Urlaub, für das freie Berlin nahm man sich frei, im Februar kann auch mal der Nachbar das Vieh versorgen. Jeder Grüne-Woche-Bauer muss einmal am Abend auf dem Kurfürstendamm gewesen sein. Jeder siebte, jeder sechste, nein, in diesem Jahr schon jeder fünfte Berliner muss einmal auf der Grünen Woche gewesen sein, und der Sonnabend ist der grünste aller grünen Wochentage. *Aufgespießt – die neue Art Käse zu essen – Käse aus Holland:* Das muss man gesehen haben, feine Holzstäbchen in Käsewürfel gespießt, die man einfach zum Munde führt, ohne Brot!

Weinproben, Mangos aus Mexiko, dreihundertvierundfünfzig Sorten Wurst, Schweinestreicheln und der *Feinschmeckerbahnhof* der deutschen Landwirtschaft, so wurden die Busse voll und in der U-Bahn Sitzplätze rar, aber es hat ein Recht aufs Schlaraffenland, wer viel gehungert hat, mit magerem, vitaminkargem Futter durch Krieg, Nachkrieg und Blockade sein Gerippe gerettet. *Fleischverbrauch 1965 70,5 Kilo je Berliner, zwei Kilo mehr als im Vorjahr, trotz steigender Preise.* Alles wurde gemessen, gewogen, gezählt, es ging auf und ging aufwärts, *Der Verbraucher – eine Macht,* und der Fortschritt war der Fortschritt für die Bauern und die Berliner und den Verbraucherausschuss beim Bundesernährungsministerium. Landjugend traf Stadtjugend, so wollen wir es haben, alle beisammen im *Prälaten Schöneberg* und in der *Neuen Welt,* Landjugend und Stadtjugend maßen sich mit Quizfragen, Kabarett und guter Laune, *so wünschen wir uns die Jugend von*

Curry-Station, Halensee
Charlottenburg, 1975

heute, und für die Gewinner Wein, Butter, H-Milch, Wurst und Käse aus dem Hessenland.

Durch den Magen geht die Liebe, durch den Magen die Verbundenheit mit der alten deutschen Hauptstadt, Essen und Trinken hält Leib und Seele, hält Berlin und Schleswig-Holstein zusammen. Monatlich tausend Tonnen Kartoffeln aus Niedersachsen, aber welche bitte, welche von achtundachtzig möglichen Sorten? Zweihundertfünfzig Berliner Hausfrauen beim Kartoffeltest, sechs festkochende und drei mehlige Sorten, *welche schmeckt Ihnen am besten, meine Damen?* Prickelnde Seltersschlucke zwischen neun verschiedenen Kartoffeln, und die größte Zustimmung für die neu gezüchtete *Hela,* mittelfest und nicht zu mehlig. Präsidenten der Landwirtschaftskammern erzählten von ihrem Koffer in Berlin, und auch der fröhliche Landmann will einmal erleben, in welche Frauen der Großstädter seinen Schwengel steckt, so trafen sich viele in der Augsburger, in der Nürnberger Straße wieder, und der Umsatz bei den häufig besuchten Damen sprang höher als zwei Prozent, trotz steigender Preise.

Alles getan, damit alle zufrieden, die Freunde des Reitsports auch, das Große Internationale Turnier in der Deutschlandhalle, fast wäre es gescheitert an den Schikanen der sowjetzonalen Behörden, welche die Maul- und Klauenseuche in Niedersachsen zum Vorwand nahmen, den Pferden die Transitstrecke zu verbieten, also 150 Pferde in Chartermaschinen verladen und mit einer *Pferdeluftbrücke* nach Tempelhof – auch diese Herausforderung gemeistert. Ein Fest der Einheit zwischen dem Bund und Berlin, zwischen Stadt und Land, zwischen Verbrauchern und Erzeugern, Leib und Seele, Berliner haben das Fressfest verdient und volle Mägen, *unter dem Funkturm haben Superlative Wurzeln geschlagen,* und über den Tabletts mit den Probehappen wehten die Fahnen der elf Bundesländer.

Auch Martin bekam etwas ab, im Bus den Stau in der Joachimstaler. Dazu einen *Apfel aus deutschen Landen,* den ein Mädchen der Landjugend mit blauer Schürze und rotem Kopftuch am Freitag zum Mensa-Mahl mit Monalisalächeln überreicht hatte. Vom Oberdeck des Busses sah er die Straßen voll, Bürgersteige voll, die Landleute drängten vom Messegelände zum Kranzlereck, vierzigtausend Tagesbesucher verteilten sich über die Stadt zurück in die Küchen, Berlin kaute, Berlin verdaute, die Grüne Woche *in bester Blüte.*

Rache für Schaschlik

Bücher im Herbst,
Kinder zur Weihnacht,
Schaschlik am Abend.

Dies aber ist Betrug:
Leber schinden,
Zwiebeln vergessen,
nicht würzen.

Dies sei die Rache:
Die mich betrog,
die Schaschlikköchin aus Wedding,
Anna Schreifried,
grille ich nun auf den Zeilen,
auf kleiner Flamme dieses Gedichts.

Eine Stadt, die sich dreht

Martin verließ die Wohnung, die im ersten Stock eines angeschossenen Seitenflügels lag, von dem drei Etagen übrig geblieben waren. Es gab nur ein Hinterhaus mit anderthalb Seitenflügeln, eine Kastanie und viel Grün dazwischen. Brüchige Mauern und Trümmerreste zu ebener Erde ließen ahnen, wo einst das Vorderhaus gestanden hatte. Unsichtbar hing das Haus in der Luft und erinnerte daran, dass irgendwann einmal, vor rund zwanzig Jahren, der Himmel über Berlin die Hölle gewesen war. Nun wollte sich eine Bausparkasse breit machen. Martin würde nicht mehr lange hier wohnen können, es war ihm gleichgültig, so wie ihm das wuchernde Gestrüpp gleichgültig war und der Stacheldraht, den der Hausmeister vor die offenen Kellereingänge des verschwundenen Hauses neben die Schilder *Betreten verboten! Eltern haften für ihre Kinder!* gespannt hatte.

Der Februar in Berlin war wie der November. Ein niedrig hängender grauer Himmel, aus dem es heute wieder nicht regnete und nicht schneite. Eine schäbige Decke, über die Dächer gespannt, als habe eine höhere Macht der Stadt blauen Himmel, Helligkeit und Leichtigkeit verboten.

Bundesallee, früher Kaiserallee, Reichshauptstadt, Frontstadt, die geteilte, die geheilte, unheilbare Stadt, wo bist du, wenn du in Berlin bist? Eine Stadt, die sich dreht und dreht, die Achse der Drehscheibe ist der zertrümmerte und in Trümmern befestigte Turm der Gedächtniskirche, ein hohler, angebissener Schokoladenweihnachtsmann mit einer Uhr als Gesicht, Kaiser Wilhelm liegt so tief im Trümmergrab der Geschichte, dass niemand weiß, ob des ersten oder des zweiten Wilhelm gedacht werden soll, ob der steinerne Weihnachtsmann das Gedächtnis an Wilhelms oder an Hitlers Trümmer, an Hitlertäter oder Hitleropfer wecken soll, Opfer gibt es genug, aus allen Zeiten und überall in der Stadt, Berliner sind immer Opfer der Geschichte oder wenigstens Helden und drehen sich mit, rund um die Gedächtniskirche, erniedrigt von den Bombennächten, erhoben von der Blockade der Russen und nun von der rohen Mauer rund um die Stadt wieder einmal zu Opfern und Helden befördert, und ihr Berlin ist aufgestiegen in den Schwindel eines Wallfahrtsorts der Weltpolitik, Opfer sind Grundbesitzer, die ihre plötzlich eingemauerten Immobilien verkauft haben und vor Ulbricht und den Russen nach Westen ausgerückt sind, Opfer sind die Leute, die nur an Schultheiß und Hertha BSC und Willy Brandt glauben können, also Geld her und junge Menschen, angeworben mit Berlinzulage, also fliehen Studenten aus Westen heran auf der Suche nach Freiheit und Freiheit vom Militärdienst, das Schaufenster des Freien Westens wird geputzt und geschmückt, es wird investiert in Freiheit und Glanz und Gloriakino, Filme, Cafés, U-Bahnen drehen sich um den Gedächtnisturm, eine neue Kirche ist neben die alte gestellt und dreht sich mit modernen Ecken und Kanten und einem süffigen Blau, ein Hochhaus mit fünfundzwanzig Stockwerken wächst an der Stelle des alten Romanischen Cafés, man darf auch im Neubau wieder romanisch Kaffee trinken, es werden Dichter für runde Tische gesucht, der Kurfürstendamm soll wenigstens eine Reise wert sein, und zwischen den Zootieren schmettert das Rias-Tanzorchester die Pfingstmusik *Das ist die Berliner Luftluftluft* in Rentnerohren, und während aus dem Erdreich immer noch Bomben des letzten Weltkriegs geborgen und entschärft werden, knallen vom Himmel hoch die donnernden Drohungen sowjetischer Düsenjäger, und die Schreie der Sterbenden an der Mauer gellen, verstärkt durch die schreienden Zeitungen, bis in die letzten Winkel der Stadt, und im Radio die Dauergefechte der Stimmen in mindestens vier Sprachen, jeder Sprecher gegen jeden, Ost gegen West, Deutsch gegen Alliierte, Tag gegen Nacht, alle halbe Stunde oder Stunde bellen sie gegeneinander, kläffen und jaulen, bis die Musik mit ein paar Takten Brahms oder Beethoven über alle Mauern hinweg einheitlich erhabene Gefühle stiftet gegen den Radau der Rechthaber, und aus dem Schöneberger Rathaus spricht die entschlossene Stimme Willy Brandts den Segen über alle, *die diesseits und jenseits von Mau-*

er und Stacheldraht, spricht den Segen auch über dich, der sich mitdreht und seinen eigenen Rhythmus, seine eigenen Bewegungen sucht und nicht findet und findet und auch im zweiten, im dritten Berliner Jahr an der Bushaltestelle, Baustelle, Nahtstelle Bundesallee noch fragt: Wo bin ich?

Briketts

Er legte drei Briketts nach, die aufgepressten Buchstaben UNION weckten nicht zum ersten Mal den Gedanken: Ich verheize die CDU, ich wärme mich an der Christlich Demokratischen Union. Die Briketts kamen aus der DDR, die von der CDU Zone genannt wurde. Die Briketts rollten in Güterwagen durch die Mauer und wärmten die West-Berliner. Die Briketts erinnerten jeden Morgen an deutsche Einheit und Einigkeit. Und jeden Abend, wenn er sie auf die Glut legte, eingewickelt in Zeitungspapier voll Hass auf die Zone, die die Kohle lieferte. Genau genommen fand die Einheit nur noch im Kachelofen statt, sogar unter dem richtigen lateinischen Namen. Die Deutschen und ihre Öfen. Fing man einmal an, über die alltäglichen Dinge in Berlin nachzugrübeln, geriet man sofort in einen Strudel politischer Absurditäten. Er schloss die Ofenklappe.

Kohlenmänner
Neukölln, 1975

KREUZBERG

Den Atem des Säufers
klaut sich der Wind
und hisst ihn über
der nüchternen Stadt.

Dahlem, parteilos

Die Rasensprenger
sind die Feinde der Hunde,
wenn sie mit hilfreichen Gesten
den Himmel segnen.

Sie bleiben im Takt,
sie schwenken die Arme zum Gruß,
verneigen sich höflich
vor den Gästen am Zaun.

Gelassen setzen sie am Abend aus,
während die Hausbesitzer
freundliche Worte wechseln
und sagen etwa: Gut Nacht.

ÜBERALL KÜNSTLER

Berlin war voll von Leuten, die lebten wie Künstler und dachten wie Künstler und kurz vor dem Abschluss ihres ersten großen Werkes standen, das ihnen den Durchbruch verschaffen sollte. Im *Leierkasten*, in der *Kleinen Weltlaterne*, bei *Leydicke*, im *Old Vienna*, in den *Eden Saloons*, bei *Franz Diener*, im *Café Zuntz* oder im *Café am Steinplatz* saßen nachmittags, saßen abends, saßen nachts Künstler herum, die Künstler werden wollten, und redeten viel und tranken wie Künstler und sahen aus wie Künstler und sprachen von Bildern, die sie malen, Büchern, die sie schreiben, Filmen, die sie drehen, Musik, die sie erfinden wollten. Sie hatten Ideen und Theorien und Einfälle und wussten damit zu glänzen und waren überzeugt, nur noch ein paar Schritte, ein paar Monate vom großen Ruhm entfernt zu sein, und wenn diese Aussicht nicht bestand, dann waren die Etablierten und Arrivierten, Galeristen, Fernsehfritzen, Verleger schuld, die den Durchbruch verhinderten.

Tanz durch die Stadt

Er hätte längst abbiegen können, abkürzen zur Bundesallee, aber es zog ihn geradeaus, es zog ihn in die eine, die einzig eindeutige Richtung, dahin, wo es am hellsten war, Kranzlereck, Gedächtniskirche. Ihm war, als liefe er immer tiefer in einen Leib hinein, in den Leib der Stadt, der sich immer wieder entzog und nicht zu fassen war, dessen Wände, Fassaden, Häute, Fleisch nachgaben, er lief weiter und konnte ihren Kern sehen, die Wunde, die künstlich erhaltene Wunde Gedächtniskirche, der gezackte Stummel beleuchtet, ohne Trümmerbrocken, ohne Blut, ach Kaiser Wilhelm, deine Witwe Berlin trauert um dich, ach geliebter gehasster Adolf, deine Witwe trauert um dich, unzufrieden, unbefriedigt, ausgeschabt, die Witwe hat das Reich verloren, das sie regiert hat, den Vorgarten verloren, der an den bösen Nachbarn gefallen ist, stolz wie Laubenpieper behauptet die Witwe Berlin ihr enges, abgezäuntes Terrain, Rasen betreten verboten, und du läufst frei und befreit durch ihre gute Stube, missmutig kassiert sie die Rente aus Bonn, und für dich fällt was ab dabei, trotzig kräht sie: Ich bin noch nicht auf dem Friedhof!, und du lebst billig als ihr Untermieter, solange sie lebt, und trotzig schreit sie: Ich hab die Mauer am Hals!, und schon hat alle Welt Mitleid mit ihr und macht Komplimente, und deshalb, was für ein Geschenk, musst du nicht Soldat werden und kannst nachts durch die Stadt rennen und die Nächte durchrudern und kannst tun was du willst und hast die Wahl und alles fängt an und du fängst jetzt an und hast die Wahl, die Wahl beim Tanz durch die Stadt, beim Tanz um die Frauen und beim Tanz zwischen zehn verschiedenen politischen Richtungen, und keiner macht dir Vorschriften außer du dir selber und du kannst dich drehen wie du willst und drehen lassen wie du willst mit verbundenen Augen oder offenen Augen und tun was du willst und nachts nach zwei sogar noch sechs verschiedene Zeitungen kaufen, die Zeitung von morgen, die Zeitung von heute.

S-Bahnhof Friedenau, 1981

Ruhige Minute in Steglitz

In einzelnen Läden,
in einzelnen Neubauten
werden mehr und mehr Schultern gezuckt.
Ein jeder Rentner weiß:
Einen so ruhigen Mai
erleben die Kastanien in dieser Straße
so schnell nicht wieder.
Schon wieder ist gesehen worden
ein Student. Zu dem
fiel dem Zeitungshändler nichts mehr ein.
Ganz ruhig radikal

Stülpt ein Idyll sich um.
Wir wagen plötzlich, Sätze ins Futur zu setzen,
und singen Lieder auf das,
worauf wir pfeifen oder pfeifen werden,
und halten uns nicht auf bei Fragen,
ob wir statt pfeifen besser sagen sollten:
scheißen auf.

HEUTE

Heute grüßen
die weitgereisten Freunde
höflicher als gestern.

Morgen hocken sie schon
vor der Tür,
die Landstreicher,
und betteln um Revolution.

Zum Italiener

Das Restaurant halb voll, sie fanden einen Ecktisch. Fontana di Trevi hatte Franziska entdeckt oder ihr Freund Lazlo. Sie kannte den Chef, der in der Küche stand, und wurde vom Kellner unterwürfig begrüßt.

Das war etwas Neues, Italiener in der Stadt. Vor zwei, drei Jahren waren die ersten Pizzastücke in Berlin aufgetaucht, auf großen Blechen am oberen Kurfürstendamm und dann in der Uhlandstraße. Nun wagte es da und dort ein Italiener, ein Ristorante zu eröffnen und den Berlinern Nudelspeisen und italienisch zubereitetes Fleisch vorzusetzen. Deutsche Küche beherrschte die Stadt, außer einigen *Balkan Grills*, drei China-Restaurants und verschlafenen Orten wie der *Paris Bar* oder Wiener Stüberl gab es wenig Abwechslung.

Nach dem Rat der Freundin entschied Martin sich für Kalbschnitzel mit Salbei. Ein erhabenes Gefühl, beim Bestellen den verführerischen Namen *Saltimbocca* auf der Zunge zu probieren. Das Italienische sprach sich viel leichter, das deutsche Wort mit dem K war ein gefährliches Stolperwort.

Franziska wählte Muschelpizza und machte ironische Bemerkungen über die Dekoration mit leeren Chiantiflaschen und Bildern vom Trevi-Brunnen. Sie mokierte sich nicht, sie spielte mit dem, was sie sah. Vor den bunten Plakaten glitten ihm nur platte Gedanken an Wärme, Süden, Urlaub durch den Kopf, an Rom und ein unerreichbar *Süßes Leben*, das Fellini mit einer blonden, trunkenen, zärtlichen, geilen Göttin im Wasser des Brunnens zu einem Traumbild verdichtet hatte. Franziska war weniger blond, weniger groß, nicht betrunken und versteckte kleinere Brüste als Anita Ekberg. Das Süße Leben, eine unbegreifliche, ferne Verlockung, mehr Leidenschaft als Liebe, mehr Sünde als Süße, die Frauen wild, unberechenbar und hysterisch, alles fremd und von magischem Sog wie Rom. Er musste sich verbieten, so weit zu denken.

Der Ober brachte den Wein, Franziska fragte nach den neuen Bildern, die zwischen den Rom-Plakaten an den Wänden hingen, Collagen aus Illustrierten und alten Büchern, und der Ober strahlte, weil er sie gefertigt hatte. Während er weiter bediente und zwischendurch wieder an ihren Tisch kam, erzählte er, zum Künstler habe es nicht gereicht, aber er brauche das, er sei Spanier, wegen Franco ausgerissen, er lese viel, Sartre, Camus, Surrealisten, Alberti, »Kennen Sie Alberti?« Er brauche die Collagen, um sich auszudrücken, die Zerrissenheit zwischen Spanien und Deutschland, Pizza und Kunst, Surrealismus und Frauen. Dabei lachte er, Franziska lachte mit. Er sprach fast nur auf sie ein, stellte sich als Alberto vor, ein schöner Mann.

Ebend

Unter den Gleisen der S-Bahn und Fernbahn, unter den Stahlträgern der weit über die Hardenbergstraße ragenden Bahnhofshalle, unter den breiten Buchstaben *Dunlop Reifen* wagten sie trotz der stimulierenden Akustik nicht, den Sprechchor der Leute aus den vorderen Reihen zu wiederholen, »Amis raus aus Vietnam!« Das war Ernst, Ellen, Martin zu radikal.

Räder einer Bahn schlugen und quietschten über den Köpfen, das metallische Geräusch erfasste alle Stahlträger, Verstrebungen und Rohre, verteilte und verstärkte den Lärm, die Brücke bebte. Das Geräusch, das Berliner S-Bahn-Donnern, gehörte zu den Brücken und den Kneipen und Geschäften in den Bögen unter den Gleisen, gehörte zur Großstadt. Wenn es vorüber war, wurden die eigenen Stimmen lauter, der Hall größer, der Raum weiter. Martin hielt sich trotzdem nicht gern in diesem Halbtunnel auf, zwischen Friseur, Heine-Buchhandlung, Tabak auf der einen Seite und Geschäften für Juwelen und Lebensmittel auf der anderen, in der Mitte die stockenden, lauten, stinkenden Autos und die Straßenbahn. Lieber richtete er den Blick aus dem Brückendunkel heraus ins Helle zum alten und neuen Turm der Gedächtniskirche, und geradeaus zu den neuen Hochhäusern. Auf einem die Spiegelschrift: *Berlin bleibt doch Berlin.*

Immer mehr Zuschauer auf den Bürgersteigen. Langer Sonnabend, Winterschlussverkauf. Manche versuchten ein abfälliges Lachen gegen »die Studenten!«, andere tippten sich an die Stirn, »nichts Besseres zu tun!«, oder schüttelten die Köpfe und schlenderten weiter. Die meisten Passanten jedoch, die an diesem Sonnabend vielleicht nur noch auf die Überraschungen der Bundesligaergebnisse, der Lottozahlen und der Kulenkampff-Sendung warteten, schauten mit verhaltener Neugier zu, für sie schien der ungewohnte Aufmarsch den Einkaufsnachmittag eher zu beleben als zu stören. Die Werbebotschaft am Bahnhof Zoo, *Persil bleibt Persil,* die kannte man, aber *Vietnam den Vietnamesen!,* das war neu. Unter dem Funkturm Grüne

Demonstration
Neukölln, Karl-Marx-Straße, 1973

Woche, im Olympiastadion Tasmania gegen den HSV, langer Sonnabend in der City, und vor dem Zoo wurde eine Attraktion geboten: eine kuriose Ansammlung junger Leute, manche mit Krawatten und weißen Hemden, viele Brillenträger, mit Pappschildern mitten auf der Straße, und über den Köpfen das politische Fremdwort, Feindwort Vietnam.

Gäste bei Aschinger, die im Stehen ihre Suppe löffelten, schauten durch die Glasfront, zwei Männer traten mit ihrem Bierglas vor die Eingangstür am Eck. Ernst rief ihnen ein freundliches »Prost!« zu, jemand in der Reihe hinter Martin: »Schieb mal rüber, die Molle!« Die Männer grinsten zurück.

Ein Kellner kam mit einem Teller voll winziger Brötchen heraus, die es drinnen zur Erbsensuppe gratis gab, und warf sie einzeln mit Schwung unter die Demonstranten. Arme reckten sich, die meisten Brötchen wurden geschickt aufgefangen, Lachen auf allen Seiten, ein kurzes Spiel, das allen gefiel.

Vor dem *Größten Teppichhaus der Welt* in der Joachimstaler Straße schrie eine Frau: »Geht doch nach Ost-Berlin demonstrieren!«

»Da dürfen wir nicht!«, rief der Student hinter Martin.

»Ebend«, schrie sie und spuckte, »und hier macht ihr's!«

»Ja, hier dürfen wir!«

Die schlimmste Störung

Rechts der Bürgersteig und parkende Wagen, links neben den Schienen auf der Straßenmitte war Platz für eine Spur Autos, die langsamer als sonst überholten. Martin lief nach fünfzig Metern schon entschlossener mit, machte es den andern nach und wunderte sich, dass er seine zwiespältigen Gefühle dabei nicht verlor. Dies sollte nun eine neue Form des Protests sein. Die Demonstration war angemeldet, es war erlaubt, sich so zu bewegen. Er war überzeugt, das Richtige zu tun, und doch hatte das Laufen auf der Hardenbergstraße etwas Irreales, Traumhaftes.

Fußgänger holten sich einen Teil der Straße zurück, ausnahmsweise wurden einmal die Autos an den Rand gedrängt, ein leises Gefühl einer ungewohnten Freiheit, einer unbekannten Kraft wanderte mit. Alles war harmlos und friedlich und doch unerhört und eine Auflehnung. Wer hier marschierte zwischen der Hochschule der Künste, Bürohäusern, Trümmerlücken, Banken und der Industrie- und Handelskammer, rüttelte angeblich an der deutsch-amerikanischen Freundschaft und trat gegen die mächtigste Regierung der Welt auf und gegen die Bundesregierung. Wer auf der Straße mitlief, scherte aus der Masse der Gehorsamen, Braven und Jasager aus. So einfach war das, genehmigt, geordnet, lächerlich.

Autos und Busse überholten, die Straßenbahn 55 zockelte Richtung Spandau, nur der Verkehr aus den Querstraßen wurde von Polizisten in langen blauen Mänteln gestoppt. Einige Autofahrer in der Fasanenstraße warteten, ungeduldig, wütend mit abgeschalteten Motoren auf das Ende des Vorbeimarschs, und Martin gefiel es, dass die Männer vor der gesperrten Fahrbahn, die sie für ihren persönlichen Besitz zu halten schienen, wenigstens für Minuten auf den schmutzigen Krieg gestoßen wurden. Die schlimmste Störung des freien Nachmittags. Von weitem schimpfte ein Taxifahrer und reckte die Faust: »Geht erst mal arbeiten«, einige Demonstranten antworteten triumphierend mit Beifall.

Aufstiegsrunde

Hertha steigt auf. Steigt Hertha auf
steigt die ganze Hauptstadt auf
steigt aus dem Tal die Wirtschaft auf
(weil ich dann mehr Schultheiß sauf)
steigt die Macht der Presse auf
(steigert sonntags den Verkauf)
steigt die Stadtautobahn mit auf
(hoch über die Zone nach Helmstedt hinauf)
steigt der Senator für Inneres auf
(haut bundesweit sehr feste drauf)
steigt das ganze Rathaus auf
(rennt nach Bonn im Dauerlauf)
steigt auch der Bürgermeister auf
der freie Westen auch noch AUF!

Steigen wir Absteiger fürs erste ab
und sägen denen das Treppchen ab.
Denn die so mühsam aufgestiegen sind
vergessen wie spielstark die Absteiger sind.

Im Schnee am Lietzensee

Einen Tag und eine Nacht lang hatte es geschneit, das Chaos wurde ausgerufen, die Stadt kam aus dem Takt, die Leute wurden heiter. Es gibt nur wenige Tage im Jahr, an denen die Berliner sich gut gelaunt zeigen. Am ersten warmen Frühlingstag, beim Laufen über gefrorene Seen und nach dem ersten kräftigen Schneefall geschieht das Wunder. Sie blicken zum Himmel auf, schauen sich staunend an und wieder ins Weite, wie erlöst vom Bann ihres Missmuts. Für kurze Zeit glauben die Städter sich einverstanden mit der Natur und sperren sich nicht gegen die Neigung, glücklich zu sein.

Chaplin in Zehlendorf

Was hätte ich zum Beispiel aus dem Mann herausholen können, den wir Hüthchen nannten, einem tüchtigen Säufer, dem Charlie Chaplin des Widerstands! Der trieb sich im Umkreis des Dichters Fuchs herum, in schnapsgesättigter Anarchie und fröhlicher Rebellion gegen bürgerliche und polizeiliche Regeln.

Wie ich mitten in diesen rohen Zeiten der Demonstrationen, in den Monaten des rot gefärbten Mitleids mit Tschechen und Vietnamesen mich noch auf den weiten Weg zu Lesungen machte, kann ich mir heute kaum vorstellen. Aber ich fuhr einmal sogar zu Manfred Bieler und Günter Bruno Fuchs ins Haus am Waldsee nach Zehlendorf, und ein paar Stühle weiter lacht Oskar Huth, und ich Idiot sprech ihn nicht mal an!

Es war während der Hochkonjunktur der Prinzipienreiterei – und da saßen wir einen Abend, fünfzig, sechzig Leute, und lachten uns krumm. Erst über die Parodien von Bieler, der drei Jahre zuvor aus der DDR nach Prag und nun nach dem Einmarsch der Russen nach München geflohen war, dann über die Späße und Kalauer von Fuchs.

Danach sammelten wir uns, zwanzig, dreißig Leute, von der Literatur aufs schönste beschwingt, in einer Kneipe im südlichen Zehlendorf direkt an der Mauer. Mittendrin Oskar Huth, genannt Hüthchen, der Klavierstimmer, ein schmales, lautes Männchen, das mit Fuchs und Bieler am Nebentisch saß.

Schreibt der eigentlich auch?, hatte ich meinen Freund Hannes gefragt. Nein, wird der gesagt haben, alle drängen ihn zu schreiben, der hat wirklich Romane erlebt. Aber er weigert sich. Der hat den Krieg überstanden, in Berlin, ohne Soldat zu sein, das musst du dir von ihm erzählen lassen. Der hat sich nicht nur vor der Wehrmacht gedrückt, der hat sich versteckt mit falschen Papieren, der hatte eine Druckmaschine und hat Ausweise gefälscht und Lebensmittelkarten gedruckt und verteilt, an die Juden, an versteckte Leute, unglaubliche

Geschichten, und wenn er in Fahrt kommt, dann lachst du sogar über die Nazischeiße.

Ich kannte nur das Gerücht, Hüthchen hätte irgendwas gegen die Nazis gemacht, nun staunte ich ihn an, und wie ich mich kenne, muss ich vor Ehrfurcht erstarrt sein. Ein pfiffiges, faltiges, schmales Gesicht über dem Schnurrbart, ein Ruinengesicht, aber ein fröhliches. Seine glorreichen Taten sah man ihm nicht an, so einer liebte die Glorie nicht. Auch nach dem zweiten Bier wagte ich nicht, näher heranzupirschen, er trank, er trank viel, er rühmte sich als freischaffender Trinker. Natürlich konnte ich ihn nicht einfach nach Journalistenart anquatschen: Na, Herr Huth, wie war's denn so im Widerstand? Der hätte mich geohrfeigt, für das Na, für das Herr, das Sie und für die Frage sowieso. Meine einzige Chance war, den Stuhl an den Nachbartisch zu rücken und mich dem listenreichen Klavierstimmer wenigstens bekannt zu machen, um bei besserer Gelegenheit auf den Busch zu klopfen.

Nicht einmal das schaffte ich, obwohl es ein langer Abend wurde. Da war Angst im Spiel vor einem schwer berechenbaren Säufer, dann die Schüchternheit vor einer Figur, die in sechs Jahren Krieg mehr Mut gezeigt hatte als alle hier trinkenden Dichter, Dichterfreundinnen und Dichterfreunde zusammen.

In meiner unzuverlässigen Erinnerung endete der Abend mit Bielers Aufforderung: Kommt, jetzt pissen wir alle an die Mauer! Und ich sehe uns in der nicht sehr kalten Nacht die paar Meter hinüber zur Mauer wanken, ein gutes Dutzend Männer, und gegen den Beton pinkeln. Ein Witzbold, wir waren eine Horde von Witzbolden, würzte die Taufe mit dem alten Klospruch: Näher ran, er ist kürzer, als du denkst!

Alles war anders

1

Alles war anders. Die Bilder, Berichte und Dokumente aus alten Zeiten lügen nicht, aber sie lügen doch. Sie zeigen die Leute aus den ersten Reihen, die wildesten Gesichter, die nacktesten Kommunarden, die unordentlichsten Wohnungen, die rotesten Fahnen, die spektakulärsten Aktionen. Zitiert werden die kämpferischsten Reden, das auffälligste Polit-Kauderwelsch, die euphorischen und nicht die skeptischen Stimmen.

Zu diesem schlechten, aber mediengerechten Brauch gehört es, dass bei allen entsprechenden Jubiläumsfeierlichkeiten, auch 1998, fast ausschließlich solche Veteranen zu Wort kommen, die schon 1968 Wortführer waren. Zeitzeugen, die sich im Kreise drehen, und einen müden, abgeklärt aufgeklärten Eindruck machen, selbst wenn sie selbstkritisch Wahres sagen. Seit dreißig Jahren vermitteln sie das gleiche Bild: Wir haben den Durchblick.

Keine politische Bewegung ist so auf ihre eigenen Mythen und Klischees hereingefallen wie die 68er. Die meisten dieser Klischees sind sogar richtig. Trotzdem sage ich: Alles war anders. Ich, nur ein Beispiel, habe mich nie als 68er bezeichnet. Wenn einem schon ein Jahrgangsetikett angepappt wird, dann ziehe ich den 66er vor: die Phase des Aufbruchs, der Kulturrevolution und der Horizonterweiterungen. Eine These: Bis 1968 könnte man von einer radikaldemokratischen Freiheitsbewegung sprechen, etwa ab 1968, deutlich ab 69 regierten immer mehr Dogmatismus, Ideologie, Verengung.

2.

Alles war anders, Herr Delius. Auch ich muss mich korrigieren lassen. In meiner Erzählung »Amerikahaus und der Tanz um die Frauen« wird unter anderm der Verlauf der ersten, bescheidenen Demonstration am 5. Februar 1966 in Berlin gegen das Bombardement der USA in Vietnam beschrieben. Der

Student Martin nimmt daran teil. Nach der Demonstration beobachtet er die kleinen Tumulte, als vor dem Amerikahaus die Fahne heruntergezogen wird und einige Eier gegen das Haus fliegen. Die Szene ist nach damaligen Presseberichten, nach über hundert Fotos von Michael Ruetz, die diesen 5. Februar dokumentieren, und nach der Erinnerung des Augenzeugen geschrieben, der ich war.

Da erreicht mich ein Brief eines Rechtsanwalts aus Hessen. Alles ganz gut und richtig, schreibt er, aber das mit der Fahne war ein bisschen anders, ich muss es wissen, ich habe sie nämlich heruntergezogen, und das kam so: Ich gehörte zu den Studenten, die in das Amerikahaus hereingelassen wurden, aber drinnen waren wir ziemlich ratlos, was zu tun sei. Der Leiter des Hauses kam uns entgegen, wir wollten mit ihm diskutieren und holten zu einer Attacke gegen die Vietnampolitik der USA aus. Da sagte er: Wissen Sie, ich bin auch ein Gegner dieses Krieges. Ich war völlig verblüfft, dass da ein erwachsener Mensch unserer Meinung war, noch dazu aus einer regierungsnahen Institution. Wir fühlten uns entwaffnet, überflüssig und gingen wieder hinaus. Draußen dachte ich, man muss doch irgendwas tun, ein Zeichen setzen. Da sah ich die Fahne am Mast und ging einfach hin, zog an dem Seil, es ging ganz leicht, die Fahne glitt fast von allein abwärts und lag plötzlich vor mir am Boden. Das ist irgendwie auch nicht richtig, dachte ich, und zog sie wieder halb nach oben, da stand sie auf halbmast, und knotete das Seil fest. Niemand hinderte mich. Erst nach ein paar Minuten kamen Polizisten und zogen sie wieder hoch.

Die Aussage ist glaubwürdig. Sie beweist: Es war alles noch harmloser, noch weniger kämpferisch als ich es in meinem Buch dargestellt habe.

3
Alles war anders. Bald darauf erhielt ich einen zweiten Brief, von einem Theatermann aus Baden-Württemberg. Alles ganz gut und richtig, schreibt er, aber das mit den Eiern war ein bisschen anders, ich muss es wissen, ich hab sie nämlich ge-

Filmbühne am Steinplatz
Charlottenburg, Ecke Hardenbergstraße, 1975

kauft und verteilt, und das kam so ... Er spürte ebenfalls das Bedürfnis, die Verlegenheit zu überbrücken, lief zu Bilka bis zur Ecke Kantstraße, kaufte ein Zehnerpack Eier für 1,99 DM, steckte je fünf Eier in die Taschen seines Parka und lief vorsichtig zum Amerikahaus zurück. Er bot sie seinen Genossinnen und Genossen vom SDS an. Die meisten lehnten es ab, das Haus mit Eiern zu bewerfen. Nur sechs oder sieben wurde er los, davon wurden fünf geworfen – mit dem enormen, fast weltpolitischen Effekt, den ich in der Erzählung angedeutet habe.

Die Spontaneität jener Zeit – zwei Jahre vor »68« – erscheint uns fast komisch. Aber hier liegt der Schlüssel, der wenig erforschte Kern der Studentenbewegung: Wann führen welche Schritte zu welchem Sakrileg, warum hatte diese Bewegung, die in ihrer Mehrheit aus rebellischen Angsthasen und aufgeklärten Mitläufern bestand, solche Erfolge?

4

Alles war anders. Zu den meistzitierten 68er-Sprüchen gehört »Wer zweimal mit der selben pennt, gehört schon zum Establishment.« Er wird gern den Kommunen zugeschrieben. Ich hatte schon immer den Verdacht, dass er von einem sexuell ziemlich frustrierten Menschen stammen muss.

Auch hier klärte mich der Anwalt aus Hessen auf. Er habe 1967 an einem Seminar über Eliten am Otto-Suhr-Institut teilgenommen, das Wort Establisment sei noch nicht Mode gewesen. Im Gespräch unter Freunden am Samstag nach der »Sportschau«, hätten sie sich über eine flatterhafte Studentin unterhalten, die schon wieder ihren Freund gewechselt habe. Da sei ihm der Satz eingefallen »Wer zweimal mit dem gleichen pennt, gehört schon zum Establishment«. Sie hätten sehr darüber gelacht, und sein Freund, Publizist mit viel Kontakten, habe in den folgenden Tagen den Spruch immer wieder fallen lassen – bis er Wochen später von Kommune-Leuten publik gemacht worden sei.

Der Erfinder des Spruchs hat noch zwei Jahre warten müssen, bis er zum ersten Mal mit einer Frau »pennen« konnte. Alles war anders. Das wäre eine Geschichte: Da sucht einer verzweifelt nach einem Mädchen, während sein dummer Spruch landauf, landab zitiert wird.

5
Tun Sie nicht so unschuldig, haben Sie etwa keinen Stein geworfen? Ja, einen, in London 1968, nach dem Abschluss einer großen Vietnam-Demonstration. Vor dem Hilton-Hotel lagen einige Pflastersteine herum, wir taten, was wir für unsere Pflicht hielten, das Hilton blieb unbeschädigt. Die Demonstration richtete sich gegen den damaligen Verteidigungsminister McNamara, der fünfundzwanzig Jahre länger als wir für die Erkenntnis brauchte, dass der Krieg der USA politisch und strategisch ein Riesenfehler war. Die Demonstration übrigens hatte ein Student aus den USA mitorganisiert, der 1993 ihr Präsident wurde. All ... es war einmal.

Fata Morgana auf dem Teufelsberg

Über Nacht waren zwei, drei Zentimeter Schnee gefallen, der letzte Schnee des langen Winters. Bei kaltem, klarem Wetter bot der Teufelsberg die schönste Abwechslung und die weitesten Aussichten über Mauern und Grenzen.

Sobald wir auf dem glatten Weg die Höhe der Baumkronen des Grunewalds erreicht hatten, schien die Luft noch klarer, und mit jedem Schritt zeigte das weiche Fernbild der Stadt deutlichere und plastischere Konturen. Dächer, Kirchtürme, Hochhäuser, Schornsteine, Gasometer, der schmale und endlos weite Streifen der vom Schnee gesprenkelten Stadtlandschaft unter dem hellen Winterhimmel, alles kam mir so nah wie entrückt, so greifbar wie entfernt vor. Die Sicht vom Westen auf den Westen reichte bis weit in den Osten hinein, der die Mitte war, im fernsten Dunst neben der Siegessäule der neue Fernsehturm.

Berlin lag wie eine Fata Morgana vor uns, immer weiter weg rückend, je näher und höher wir kamen. Ein in die Luft gespiegeltes Panorama von fast 360 Grad Weite, das nicht das Geringste von dem zeigte, was wir unser Leben nannten, nichts, wie wir hier wohnten, wie wir lernten, rebellierten, vagabundierten. Als gäbe es uns gar nicht in dieser Oase mitten in der Wüste der Kiefernwälder. Und keine Richter, Politiker, Beamten, Rentner und all die ungehobelten Gestalten. Unter den Dächern, sagte das Bild, vor dem Funkturm, dem Europacenter, den Backsteinkirchen sind wir alle gleich. Die Stadt da unten schien so neutral wie ihre Fassaden, mit so viel Platz, so vielen Möglichkeiten. Die Zukunft, die Vernunft, die besseren Argumente und das Wahre Schöne Gute alles, was, wie ich damals dachte, sowieso auf unserer Seite war, passte in dies zerzauste, zerstrittene, verrückte Berlin. Unsere Ideen, bildete ich mir ein, werden Berlin vor der Versteinerung, der Verrottung retten. So erwachte ein neues Gefühl in mir, zum ersten Mal in sechs Jahren: Ich liebte sie, diese verdammte Stadt!

Gruss aus Berlin

Mein Freund aus Berlin
hat eine Schwäche für Politik.

Er schrieb
in seinem letzten Brief:
Sonst ist
hier in Berlin alles in Ordnung,
auch die Mauer...
So schrieb mein Freund aus Berlin.

Jetzt weiß ich,
weshalb die Ordnung
das große Geschäft
dieser Zeit ist.

An der Grenze

Die Berliner Inselbewohner waren vor allem wegen ihrer Erfahrungen mit dem Ulbricht-Staat eine höchst neurotische und streitsüchtige Gemeinschaft, SPD-geprägte Verwaltungsleute, Arbeiter, Kleinbürger, eine CDU-orientierte Geld- und Geschäftsschicht, dazu eine neue, verhältnismäßig wilde Linke. Aber vor den Grenzposten waren alle gleich, die Opelfahrer und die Mercedesmenschen, die bescheidenen VW-Bürger und die Studenten in ihren 2CVs oder R4s. Gewiss, das Berliner Gemeinschaftsbewusstsein wurde auch im Olympiastadion, im Sportpalast oder vor dem Schöneberger Rathaus gestiftet, aber nirgends kam eine solch repräsentative Berliner Mischung zusammen wie an den Grenzübergangsstellen Drewitz, Staaken oder Helmstedt/Marienborn.

Im Stau an der Grenze lernten sich die Berliner kennen und in aller Ruhe beobachten, in den Blicken zur Nachbarspur, in die anderen Autos, die fremderen Gesichter. Neid auch hier, denn natürlich waren es immer die anderen, die schneller abgefertigt wurden. In der Stadt fuhr man aneinander vorbei, wich sich aus, suchte die eigene Szene, den eigenen Kiez – an der Grenze aber stand man Stunden oder mindestens eine halbe Stunde nebeneinander, voreinander und hintereinander und war zu einer Gemeinschaft mit gleichen Interessen und Erfahrungen geworden. Man saß in einem Boot – und doch war einer der Konkurrent des andern beim Kampf um die beste Spur, die schnellste Abfertigung, die zügigste Durchfahrt. Der Durchschnittsberliner sah es gern, wenn die in seinen Augen schmuddeligen Insassen eines nicht ganz rostfreien Autos aussteigen mussten und gefilzt wurden. Ebenso war Schadenfreude im Spiel, wenn ein BMW- oder Mercedesfahrer bei zu schneller Fahrt erwischt worden war und den Vopos ausgeliefert am Straßenrand stand. Wer aufgehalten, zurückgeworfen wurde, war Verlierer.

Die Kenner wunderte es nicht, wenn gerade die Berliner in den ordentlichsten und saubersten Autos sich besonders beflis-

Bellevuestraße/Potsdamer Platz
Tiergarten, 1973

sen gaben und, noch ehe es die DDR-Grenzsoldaten verlangten, in vorauseilendem Gehorsam den Kofferraum öffneten. Manche Bürokratenseele West dürfte heimlich bewundert haben, was sich die Bürokratenseele Ost an Kontrollmaßnahmen ausgedacht hatte.

Es lohnt sich, noch einmal die Stempel in alten Reisepässen zu betrachten. Die Stempel für den schlichten Transit durch die DDR sind aufwendiger, komplizierter geschnitten als die für die Einreise nach Kanada, Rumänien, Japan, in die Türkei oder die USA. Was haben sie sich für Mühe gegeben, mit Verschnörkelungen, speziellen Chiffren und Stempelfarben, die in unbestimmten Abständen wechselten, jede Fälschung und jede Republikflucht mit gefälschten Pässen auszuschließen.

Und trotzdem ist, gerade nach dem Transitabkommen, einigen hundert DDR-Bewohnern die Flucht in einem Kofferraum oder in den Wagen alliierter Soldaten gelungen, deren Fahrzeuge nicht von DDR-Grenzern durchsucht werden durften. (Allerdings machte ab Ende der siebziger Jahre die Perfektionierung der Überwachungstechnik mit Infrarotgeräten und »Gammastrahlenkanonen«, die in Autos verborgene Lebewesen anzeigten, diesen Fluchtweg zunichte). Aber die möglichen Fluchten, das sind wieder andere Geschichten.

An den Grenzen regierten nicht allein die DDR-Organe. Auf westlicher Seite schauten der Bundesgrenzschutz beziehungsweise in Berlin die Polizei auf Pässe und Ausweise, zählten (wegen der Abrechnung mit der DDR) Autos, Insassen, Transitziele. Oft genügte nur ein Blick, und sie winkten die Autos durch, sie hielten den Verkehr im allgemeinen nicht weiter auf.

In den siebziger Jahren jedoch, als überall und vor allem auf den Wegen von und nach Berlin Terroristen gesucht wurden, zeigten auch sie, was sie konnten. Da blieb, wer jung, langhaarig oder studentisch aussah, von peniblen Kontrollen selten verschont, Auto und Gepäck inklusive. Die RAF hatte spätestens 1977 erreicht, dass die Bundesrepublik zu einem perfekten Sicherheitsstaat wurde, mit willkürlichen und systematischen Kontrollen, Überwachungskameras an jeder Ecke und hoher Polizei- und Geheimdienstpräsenz. Transitreisende waren da trainiert – und erleichtert, wenn sie es dann »nur« mit den DDR- Grenzern zu tun hatten.

Alle, denke ich, haben wir aufgeatmet, wenn wir die DDR, ihre Grenze und die westliche Kontrolle hinter uns hatten. Bei diesen Reisen gab es kaum etwas Schöneres als das berauschende Gefühl, hinter Helmstedt endlich Gas geben zu dürfen, bei Hof endlich die fränkischen Berge im selbstbestimmten Tempo zu nehmen oder auf der Avus den weit leuchtenden Funkturm zu begrüßen.

Das westliche Freiheitsgefühl, was wäre es gewesen ohne die Transiterfahrungen?

Schule der Diktatur

Einmal, 1966 oder 1967, geriet ich am Grenzübergang Drewitz in die Hände eines Zöllners, der zuerst meinen kleinen Fiat 500 bis in den Tank und unter alle Fußmatten untersuchte, wie es der Brauch war. Danach wurden, auch das war damals üblich, der Inhalt meiner sämtlichen Taschen aufs Genaueste inspiziert, schließlich ein Bücherkoffer überprüft. Alle Bücher, vornehmlich Romane des 19. Jahrhunderts, wurden einzeln vorgenommen, und mir kommt es heute so vor, als hätte ich mein Interesse an jedem einzelnen der Bücher vor dem Zöllner rechtfertigen müssen. Der Vorwand oder gar der Sinn dieser Aktion war mir nicht bekannt.

Ich war nicht naiv. Ich wusste, dass es sich im Interesse einer zügigen Reise empfahl, keine Zeitungen und politischen Zeitschriften mitzuführen, möglichst nichts, was einem DDR-Zöllner als DDR-kritisch erscheinen mochte. Ich hatte bereits einige Erfahrung mit dem strengen innerberlinischen Grenzverkehr, und meine Besuche hatten mich eine besondere Grenzvorsicht und eine gewisse Routine und Ruhe gelehrt.

Aber was dieser Zöllner mir beibrachte, ging entschieden weiter.

Ich lernte, dass grundsätzlich alles und jeder verdächtig war, gerade der, der alles richtig macht. Diese Staatsvertreter sind deshalb mächtig, weil sie willkürlich und unberechenbar vorgehen. Die Diktatur zeigt sich gerade darin, dass sie keine Regeln einhält und jeden treffen kann. Und auf diese Weise Angst und Schuldgefühle erzeugt. Und Menschen, die sich schuldig fühlen, erpressbar macht.

Heute wissen wir, dass die Stasi unter anderem auf diese Weise die Rekrutierung ihrer IMs vorbereitete. Damals fühlte ich nur Abscheu und die lächerlich riesige Differenz zwischen Aufwand an Zeit und Personal und dem Ergebnis. Dass sie die Rückbank des Autos anzuheben befahlen, um nach versteckten Flüchtlingen zu suchen, dass sie keine Bild-Zeitungen oder Spiegel-Hefte ins Land geschmuggelt haben wollten, das war leicht zu begreifen. Aber alle Kontrollen darüber hinaus konnte ich nur als sadistische Machtspiele empfinden.

Ein Freund erzählt, wie er einmal seinen und seines Beifahrers Pass aus dem offenen Verdeck des R4 dem Grenzer gereicht habe. Dieser habe ihn angeschnauzt: Die Pässe seien durch das Seitenfenster zu reichen. Mein Freund: »Diese Vorschrift ist mir nicht bekannt. Außerdem ist es Ihre Aufgabe, die Pässe anzunehmen, und nicht, mir vorzuschreiben, wie ich Ihnen die Pässe gebe.« Der Widerspruch reichte, um die beiden mit dem Auto in die berüchtigte Kontroll-Garage zu schicken, wo alle Gepäckstücke durchsucht wurden. Die Sache dauerte drei Stunden.

Solche Schikanen waren keine Einzelfälle. Es scheint mir, als seien vor allem Studenten, mitten im 68er Aufwind und leicht rebellisch gegen das autoritäre Grenz-Getue, die bevorzugten Opfer gewesen.

Nach dem Transitabkommen waren diese Durchsuchungen und stundenlangen Zwangsaufenthalte nicht mehr bzw. nur noch bei »begründetem Verdacht« der Fluchthilfe erlaubt. Die Erfahrung allerdings, für alles Mögliche schikaniert, eingeschüchtert, zurechtgewiesen, angeschnauzt zu werden, wiederholte sich auch bei geringeren Anlässen.

Transit – das bedeutete ein Maximum an Geboten und Verboten. Man durfte die Transitwege nicht verlassen. Man durfte kein »Material verbreiten« und keine »Personen aufnehmen«, wie es offiziell hieß. Dafür brachte man noch ein gewisses Verständnis auf. Verboten war, was auf allen Straßen der Welt möglich war: nach Wunsch anzuhalten oder zu wenden, an einem Ort länger zu verweilen oder mit den Einheimischen Kontakt aufzunehmen. Damit hatte man sich abgefunden.

Aber wehe, jemand kannte sich in der Terminologie nicht aus und ordnete sich bei Einreise ein statt bei Transit, wehe, man folgte dem Schild Berlin und übersah das Schild Transit Westberlin oder wählte die falsche Spur. Wehe, man gab als Reiseziel (das westliche) Helmstedt an und nicht Marienborn. Wehe, man wurde kurz hinter der Grenze ertappt, den

Führerschein vergessen zu haben, dann durfte man nicht etwa wenden und zurückfahren, sondern musste so lange an der Autobahn winken, bis man jemanden fand, der das Auto abschleppte oder den Vergesslichen zum Endpunkt der Transitreise chauffierte. Wehe, man hielt nicht zentimetergenau vor den Stoppschildern, wehe, man fuhr ein wenig zu schnell – schon schlug ein Organ mit aller Macht zu: ein Verweis war das Mindeste, eine Zeitstrafe war meistens, eine Geldstrafe oft genug fällig. Und nicht zuletzt konnte man für das Essen eines Apfels während der Kontrolle mit dem Satz »Hier ist doch kein Restaurant!«, angeherrscht werden.

Der Staat, durch den man da fuhr, war schnell zu beleidigen. Gewiss, die DDR war in den sechziger Jahren noch nicht »anerkannt« und mußte bei jeder Gelegenheit ihren Minderwertigkeitskomplex kompensieren. Auch deshalb holte sie sich jeden, den sie auf den Transitstrecken kriegen konnte, und zwang ihn, sich irgendeiner DDR-Vorschrift zu unterwerfen. Die Überlegenheit, die die DDR (außer im Sport und bei einigen Sozialleistungen) nicht hatte, wollte sie wenigstens auf ihrem kleinen Territorium demonstrieren – mit ganzer Macht.

Das Interesse der DDR war nie, die Transitreisenden zügig durch das Land zu lassen und dadurch vielleicht ihre Sympathie zu gewinnen. Wenn am Grenzübergang ausnahmsweise einmal nur sehr wenige Autos warteten, dann öffneten die Grenzer nur eine Abfertigungsspur oder arbeiteten langsamer, so dass man wieder auf die normale Wartezeit von wenigstens einer halben Stunde kam.

Der Tribut an Geld war in der zwischenstaatlichen Vereinbarung geregelt, der Tribut an Zeit wurde individuell erhoben. Da war der Westler empfindlich, ja verletzlich, das wussten die Behörden eines Staates, in der die Zeit eine andere Rolle spielte. Warten war üblich, keine Ware oder Dienstleistung war ohne Warten zu haben. Und warum sollte man die arroganten, reichen, eiligen Westler da bevorzugen?

Auf dem Weg durch die DDR zwischen Mauer und Mauer verließ einen nie das Gefühl, etwas falsch zu machen. Es war klar: dieser Staat sieht alles (oder tut so), dieser Staat will dir ans Leder (Geld, Zeit), dieser Staat sieht dich als Feind. Dieser Diktatur konnte man nichts recht machen. Überall Kontrolleure mit Dienstmütze, denen alles verdächtig war, überall Oberlehrer mit Hammer und Zirkel am Kopf, die aus jeder Schikane, aus jedem Vorwurf einen Hoheitsakt machten. Das Lächeln war diesen Organen völlig aberzogen worden.

So gingen die Transitreisenden durch eine Schule der Diktatur. Und niemand soll sagen, das sei keine gute Schule gewesen: So etwas wie die DDR wollte keiner, auch nicht die linken Berliner Studenten (nicht ohne Grund kamen die wenigen Sympathisanten der DDR unter den 68ern von weither, aus Marburg, München oder Köln). Das Existenzrecht gestand man der DDR zu, aber mit ihr wollte man nichts oder nur möglichst wenig zu tun haben. Schon gar nicht, nachdem ihre Truppen an der Niederwerfung des Prager Frühlings 1968 beteiligt waren und gezeigt hatten, dass sie zu Schikanen und Freiheitsberaubung größten Stils fähig waren.

Schmährede auf Berlin hinab

Da ich nicht wie ein Kranker lautlos in mich hineinwüten wollte, setzte ich mich ins Auto und fuhr, ich weiß nicht warum, zum Teufelsberg. Ich eilte, keuchte hinauf, wollte über dem grauen Dreckdunst stehen, brauchte den frischsten Wind und den freisten Blick, um nicht zu ersticken. Über den Wipfeln des weiten Grunewalds versuchte ich mich zu beruhigen und mir den Atem der Natur zu eigen zu machen. Trotzdem blieb der Hass im Kopf, ich konnte ihn nicht wegschlucken, die Eruptionen nicht stoppen. In den Gehirnbahnen tobte, es ist heute peinlich, ja komisch, eine kindische Feindseligkeit gegen die Kiefern, den abgezirkelten Wald, den Seelenberuhigungswald, den Strammstehwald, den preußisch korrekten Soldatenwald und so weiter. Wieder der Gedanke: Warum hat man die alten Nazis, die noch lange nicht alt waren, die staatlich geprüften Barbaren, die Liebhaber des Fallbeils, die Achtel- und Viertel- und Drittel-Henker, die Heerscharen der Mordkomplizen nicht zur Bewährung in den Forstdienst abgestellt, in die mittlere Postlaufbahn oder in die Stellwerke der Bahn statt in Ämter, Ministerien und Gerichte, warum eigentlich nicht?

Als ich mich zur Dachlandschaft der Stadt hin drehte, holte ich zu einer Schmährede aus, wie ich sie sonst nur in wilden Träumen der Abrechnung abließ: Verfluchte Stadt der Sklaven da unten, Sklaven der Kaiser, der Hitlers, der Russen und selbst der Amis, ihr freiwilligen Anpasser, ihr Leisetreter, ihr Angsthasen, was duckt ihr euch unter den Dächern! Und ihr, ja ihr Paragraphenschinder, Raubritter der Gesetze, Rechtsverdreher, Justizschwindler und Frevler, ihr seid die schlimmsten Sklaven, ihr schafft es sogar, von Generation zu Generation immer noch tückischer, raffinierter und gemeiner zu werden, obwohl euch heute keiner mehr zwingt, nur das Faustrecht eurer Standesehre. In schlechtem Deutsch richtet ihr, richtet ihr Deutschland zugrunde mit den Wiederholungen eurer niedrigen Beweggründe, mit euren niederträchtigen Vorurteilen, und wenn ihr nur einen bequemen und geräumigen Paragraphen findet, unterwerft ihr euch freiwillig dieser Macht. Kennt ihr das Bild, das irgendwo in Nürnberg oder München hängt, vom Richter, den der König Kambyses wegen seiner Bestechlichkeit häuten und die Haut auf den Richterstuhl spannen ließ, bevor er den Sohn zum Nachfolger bestimmte? Habt ihr nie auf den Häuten eurer bestochenen Väter gesessen? Habt ihr euch nie von euren Vorurteilen bestochen gefühlt? Seid ihr nie auf die Idee gekommen, dass man auch mit Paragraphen foltern kann? Und dass ihr bestochen seid von euch selbst, von eurer heilen Beamtenhaut? Was habt ihr gelernt aus der Geschichte, was von der Dienstzeit unter einer Verbrecherbande, was habt ihr gelernt von den Toten, von den Bomben? Nichts habt ihr gelernt, nicht einmal die Lehren nehmt ihr an, die diese Stadt euch gelehrt hat, die hier in Trümmern unter meinen Füßen liegt, in fünfzehn Jahren mit Hunderten von Lastwagen jeden Tag wurde der Berg geschaffen und wird heute noch höher, jeden Tag wächst der Gipfel da drüben mit all dem Schrott und Schutt des Krieges, der euch erschüttern müsste und den Hochmut nehmen, aber nein, ihr bleibt schwarz und dumm auf euren Richterbänken. Nicht einmal der Wiederaufbau der Stadt hat euch belehrt – wenn jetzt ein Vulkan ausbräche und aus dem Spree-Athen ein Spree-Pompeji machte, was könntet ihr vorzeigen in tausend Jahren, was bliebe an den Wänden außer Blümchentapeten, röhrenden Hirschen und dem grinsenden Heintje, was habt ihr von der Demokratie, wenn ihr nichts daraus macht, was habt ihr von der Freiheit, wenn ihr sie nicht nutzt, was habt ihr vom Recht, wenn ihr es würgt? Berlin ist so krank unter seinem Panzer des *Mir kann keener*, ist blind mit seinem *Berlin ist helle*, eingemauert in die Parole *Berlin bleibt Berlin*, töricht gespalten, Berlin im Dunst, im Dunst der Vergangenheiten, im Nebel, im Nifelheim, im Nirwana, wo die freie Presse keine freie Presse ist, im Kartoffelland, wo der Kommunismus, der Sex ohne Trauschein und das Verbot, die Kartoffeln mit dem Messer zu schneiden, die einzigen Erregungen liefern und Sepp Maiers Paraden, Beckenbauers Flanken und Müllers Tore direkt ins irdische Paradies führen, und damit alles friedlich bleibt unter den Dächern, unter allen Antennen, singt Heintje sein *Mama, du sollst doch nicht um deinen Jungen weinen,* aber es wird euch nichts nützen, ihr werdet weinen, wir Jungen werden einiges anders machen, werden alles anders machen, und ihr werdet, ihr sollt über eure Jungen weinen, und es wird nicht anders gehen...

In diesem Stil, laut oder halblaut, mit Pausen, verfluchte ich die Juristenbande, verfluchte die Stadt, das ganze Land gleich mit, und zum Glück hörte niemand, wie ich mich lächerlich machte.

Alle duckten sich

Unterwanderung, das sagt sich so leicht. Am Grenzübergang Friedrichstraße ging das so: Anstehen bei der Passabgabe für Bundesbürger, Ausfüllen der Zollformulare, Warten auf Pass- und Gesichtskontrolle, Aushändigung des Besuchsvisums, Umtausch einer vorgeschriebenen Summe DM in Mark der DDR, Schlangestehen beim Zoll, Gepäck-, Taschen- und Geldkontrolle und hin und wieder eine Leibesvisitation mit ausführlicher Befragung woher, wohin, warum (Namen zu nennen vermied ich). Und alle Rituale begleitet von Willkür, Ernst und Mief. Hier lernte ich warten.

Während die unerbittlichen Grenzpolizisten den Pass prüften, registrierten oder sonst etwas damit anstellten, musste ich still sein und mich ducken. Nur selten war einer der wenigen Sitzplätze frei, es war schon Glück, sich an eine Wand lehnen zu können. Lektüre mitzubringen war verboten. Es lagen Propagandaschriften aus, da blätterte man zum Beispiel in einem Heft über das Gesundheitssystem der DDR, aber zwischen vierzig, fünfzig wartenden Menschen in einem überheizten fensterlosen Raum stehend, mochte man sich von den Vorzügen des ungeliebten Nachbarstaates nicht überzeugen lassen. Essen und Trinken war ebenfalls verboten, einmal hatten sie mich angeschnauzt, weil ich es gewagt hatte, auf dem Grenzterritorium in einen Apfel zu beißen. Wer versucht hätte zu fotografieren oder Notizen zu machen, wäre sofort als Spion abgeführt worden. Beschwerden über die lange Wartezeit oder die Willkür bei der Abfertigung wurden mit verlängerter Wartezeit bestraft. Erlaubt war nur das Sprechen, aber da sich alle in diesem Raum abgehört glaubten oder wirklich abgehört wurden, wollte niemand mit lauten Worten Verdacht auf sich lenken. Es herrschte eine verdrückte Stille im Warteraum, in unregelmäßigen Abständen unterbrochen von den Befehlsstimmen unsichtbarer Grenzpolizisten, die Nummern aufrufen. Die Nummern waren wir. Alle schwitzten, es gab keine Möglichkeit, die Mäntel abzulegen. Jeder bemerkte den halbgiftigen Desinfektionsgeruch, der in den öffentlichen Gebäuden des merkwürdigen Landes alle anderen Gerüche übertrumpfte, die Duftmarke der DDR. Einreisen, das hieß Gehorsam üben, sich einer Prozedur der Demütigung unterziehen und trotzdem in jeder Sekunde bereit sein, den Zeremonienmeistern im Hintergrund Respekt und Dank zu zollen für die irgendwann gnädig gewährte Erlaubnis, den Fuß auf den fremden Kontinent, in die andere Hälfte der Stadt setzen zu dürfen.

An diesem öden Ort, dachte ich oft, bleibt dir nur eins, meditieren. Entspannen, tief einatmen, entspannen, woher, wohin, entspannen, Abstand fühlen, tief ausatmen, die Wünsche farbig durchs Hirn wehen lassen. Oder, wenn das nicht gut gelang, beobachten. Hier, wo niemals fotografiert oder gefilmt werden wird, wo kein Maler den Skizzenblock auspacken darf, da müssen die Autoren ran, da könntest du Beschreiben üben. Zum Beispiel die Farben, die keine Farben sind, sondern trübe, kaum definierbare Mischungen aus Grau und hellem Braun. Oder die Schalter, die Schilder, die Parolen, die Gesichter unter Uniformmützen, die Abfertigungstechnologie.

Noch spannender, die eigenen Landsleute vor den Uniformen des anderen Deutschland zu beobachten. Die Sekunde der Erleichterung und Entspannung im Gesicht bei den Wartenden, deren Nummer aufgerufen wurde: Sie hatten das Gewinnlos gezogen, durften die kleine Hölle des Warteraums verlassen und weitergehen durch das Fegefeuer der Kontrollen und in einigen Minuten das graue Paradies der Arbeiter und Bauern betreten. Die Enttäuschung der anderen, die nach dem Aufruf der Nummern sich weiter zur Geduld zwingen mussten und die Sitzhaltung oder das Standbein wechselten.

Man war vorsortiert als Einreisender mit dem Pass der Bundesrepublik. Ausländer und West-Berliner mussten sich an anderen Schaltern drängen. Doch auch der gute Pass schützte nicht vor der diffusen Ängstlichkeit, die durch den Geruch, die Kacheln, die Tünche, den Warteschweiß, die militärischen Stimmen aufstieg. Nur Anfänger, die sich zum ersten

Mal den langwierigen Kontrollritualen unterzogen, zeigten die Angst offen, staunend, fragend, mit zitternden Blicken. Routiniers, zu denen ich mich zählte, waren leicht an dem Lächeln über die Anfänger zu erkennen und an der gespielten Lässigkeit beim Hinundherschlendern zwischen den Wartenden, mit der sie ihren Groll gegen die überlange Musterung kaschierten.

So verschieden die Nuancen schweigender Mienen und verkrampfter Körperhaltungen waren, alle duckten sich vor der fremden Macht wie Untertanen. Auch ich, der doch antiautoritär sein wollte. Hier kuschten wir gemeinsam, die Alten, die Jungen, Frauen, Männer, Rechte, Linke, Schlauköpfe, Dummköpfe, Freunde wie Feinde des ersten, wie die Parolen prahlten, sozialistischen Staates auf deutschem Boden.

Wasserspiele

Deutlicher als damals Niagara
Im Kino Stereo hör ich das Wasser
Höre das Rauschen in diesen Hallen das Wasser
Im Landgericht Berlin Moabit
Von den Treppen Kaskaden von höchsten Stockwerken Wasser
Fällt schwappt da durch Türen quillt es
Das Wasser drückt auf die schußsicheren Scheiben
Da in den Sälen sehen sich Richter und Anwälte vergrößert an
Die Akten sind imprägniert die Kaiserloge fault
Schwimmwesten unter den Roben der kichernden Staats-
                                      anwälte
Und die Polizei kriegt endlich U-Boote Torpedos

Deutlicher als in Atlantis
Das wir besuchten als Delegation
Gurgelt es in Moabit in Treppenhäusern und Fluren
Sachdienlich plätschern Anträge Plädoyers Gutachten
Wo sind die nicht Uniformierten die Nichtschwimmer
Wo sind die Angeklagten die ängstlich nach Luft
Schnappen die sprachen von
Wasserjustiz Wasserspiele Wassermühle
Ach längst sind sie ertränkt und
Herausgespült weg und vergessen

Deutlich die Putzfrauen mit trockenen Stimmen
Noch nicht zu Fischen geworden ja lachend
Sprechen ich höre sie sprechen
Von der ersten Frau auf dem Seil über die Niagarafälle
Marie Spelterini aus Berlin
Mit verbundenen Augen vorwärts und rückwärts
Dat glaubste nich Marie
Über die Niagarafälle aufm Seil die Frau

Seiltänzer vor der Gedächtniskirche
Charlottenburg, 1975

Die andere Hälfte

Was mich in die andere Hälfte der Stadt lockte, waren die Dichter – aber nur die, die mehr Freiheit suchten, als sie hatten. Vielleicht war ich huchelgeprägt: man wusste, der große Dichter Huchel saß, kaltgestellt von der Partei, zensiert, schikaniert, bis 1971 in den Wäldern bei Potsdam und war für Westler nicht erreichbar. Bei Huchel konnte einer wie ich nichts tun, aber es gab genügend Autoren in Ost-Berlin, die größeren oder kleineren Beistand wünschten – und mit größeren oder kleineren Schwierigkeiten zu kämpfen, das heißt zu schreiben hatten als wir im Westen. Irgendwas wurde immer gebraucht, sei es ein Scherblatt oder eine Hölderlin-Ausgabe, ein Paar Jeans, Verlagskontakte oder Brieftransporte, nicht zuletzt der Whisky aus dem Intershop.

Die Autoren, die mehr Freiheit suchten, als sie hatten, waren oft auch die besseren, literarisch überzeugenden und mutigeren Autoren. Das ist kein Zufall. Wer höchste künstlerische Qualität anstrebt und für sie eintritt, gibt sich in aller Regel nicht so leicht mit politischen Phrasen und Propaganda zufrieden. Und ist schwerer zum Spitzeln verführbar als mittelmäßige oder schlechtere Autoren. Es gibt Ausnahmen von dieser Faustregel – bei zwei meiner späteren Rotbuch-Autoren, Erich Köhler und Paul Gratzik, habe ich mich täuschen lassen. Erst neuerdings ist mir aufgefallen: Unbewusst habe ich Freunde und Bekannte aufgrund ihrer literarischen Qualitäten und Neigungen gesucht und gefunden.

Also Kunert, Biermann, Karl Mickel, Kurt Bartsch, Sarah Kirsch, Rainer Kirsch, Volker Braun, Heiner Müller, später Thomas Brasch, Stefan Schütz und, im Westen, Jürgen Fuchs und Hans Joachim Schädlich, das waren für viele Jahre die wichtigsten Adressen. Adolf Endler, Bernd Jentzsch und den Lyriker Richard Leising, dem ich von 1970 bis 1978 vergeblich wegen eines Gedichtbandes hinterherlief, hätte ich gern öfter gesehen – aber es waren schon viele, da fehlte die Zeit. Was in West-Berlin unter Künstlern normal war – in größeren oder kleineren Runden am Biertisch sitzen und palavern –, ging in

Ost-Berlin überhaupt nicht, da waren fast nur Einzelgespräche möglich. Vorsicht, bloß keine Gruppenbildung! Schlag 23.59 Uhr musste man wieder an der Grenze sein, und der Lektorenberuf bestand ja nicht nur aus Tagesreisen in die andere Hälfte der Stadt.

So viele Autoren, alle mehr oder weniger »negative DDR-Bürger aus dem kulturellen Bereich«, so oft getroffen, und dann für linke, DDR-kritische Verlage gearbeitet, ist da den Profis von der Staatssicherheit nichts aufgefallen? Doch, aber offenbar nur die Nebensachen (die Sascha-Anderson-Zeit kam ein, zwei Jahrzehnte später). Einige Jahre haben sie mich beschattet, wie ich den Akten entnehmen konnte, ich war das Objekt »Fahrer«.

Der Anlass anekdotisch: Kunert fuhr schon Ende der sechziger Jahre einen Westwagen, einen Renault 16, und brauchte neue Reifen, es war im Sommer 1970. Katia Wagenbach und ich sind deshalb im September 1970 mit zwei Autos nach Ost-Berlin gefahren und hatten statt der Ersatzreifen je einen Reifen für Kunert eingeladen. Zunächst waren wir bei Biermann, hatten dort etwas zu besprechen und luden dann, nachdem wir uns vorsichtig umgeschaut hatten, auf dem Parkplatz an der Friedrichstraße den Reifen aus meinem Auto in das andere, wobei wir beobachtet und fotografiert worden sind. Katia Wagenbach ist mit den Reifen zu Kunert gefahren, der aber nicht da war – deshalb hat sie die Reifen bei einem Nachbarn im Haus abgeliefert, der eine Werkstatt im Keller hatte. Daraus hat die Stasi eine riesige Verdachtsgeschichte fabriziert, man meinte, irgendwelche geheimen Materialien seien von diesem jungen Mann, den sie als Studenten registriert hatten (FU-Studenten waren einst Fluchthelfer gewesen), in den Reifen von Biermann zu dem Nachbarn transportiert worden. Dass wir uns vor der Reifenübergabe vorsichtig umgeschaut hatten, sprach eindeutig für konspirative Tätigkeit. Man hatte den Verdacht, »daß die genannten Personen in Verbindung mit Biermann ein Kuriersystem aufgebaut haben und PKW-Räder als Container zur Übermittlung von Materialien benutzen«.

Die Reifen wurden beschlagnahmt, eingehend untersucht –

natürlich wurde nichts gefunden außer Luft. Die Observierer waren so konditioniert, dass sie mich nur als Spion betrachten konnten, nicht als Texte-Schmuggler oder Lektor oder Freund. So wurde »Einreisefahndung mit Beobachtung über D.« eingeleitet, »um festzustellen, welche Treffpartner, Anlaufstellen und Objekte D. in der Hauptstadt der DDR aufsucht«. Dass die Reifen für Kunert waren und nur für sein Auto passten, hat man zuerst gar nicht gemerkt, dafür aber fleißig Schaubilder und Listen angelegt, wann und mit welchem Fahrzeug und mit wem ich »eingereist« war, mit meiner Freundin, meinem Bruder und dessen Freunden oder mit Nicolas Born.

Literaturanekdotisch ist das nur insofern interessant, als die Stasi-Leute trotz ihres Aufwandes mit dem Objekt Fahrer nicht merkten, dass ich mit dem gleichfalls observierten Lyriker Kurt Bartsch meinen ersten Besuch bei Heiner Müller machte im Oktober 1972 – weil sie Müller gar nicht kannten und nicht wussten, dass er in dem Haus wohnte, wo wir klingelten. Die Beschattung wurde dann offenbar eingestellt. Registriert wurden aber von 1973 bis 1976 auf langen Listen alle meine zirka zweihundert Ost-Berlin-Besuche, im Schnitt einer pro Woche: Tag, Stunde und Minute der Ein- und der Ausreise, Autonummer, Passnummer, Übergang.

Das war die Zeit ständiger Lektoratsgespräche mit Karl Mickel, Heiner Müller, Stefan Schütz, Thomas Brasch. Es sieht nicht so aus, als seien sie in diesen Jahren dem Fahrer noch bis an die Wohnungstüren gefolgt. Ich hatte auch keine Reifen mehr zu bieten und keine Kuriersysteme. Sondern viel heißere Ware: Papier, Literatur. Mit dünneren Büchern, die ich den Freunden mitbrachte und zwischen Rücken und Unterhemd versteckte, ist alles gut gegangen. Man durfte während der Grenzkontrollprozeduren nur nicht den Rücken krümmen, auch beim Öffnen der Motorhaube nicht. Gerade halten, nicht bücken.

Mauer in der Sebastianstraße
Kreuzberg, 1974

BALLADE BERLIN

Übers tote Gleis humpelt die Witwe des Reichs
Direkt in die Kamera, dreht sich und tanzt und
Kreist frisch geschminkt um die gute Ruine.

Staatsmänner geben erleichtert Handküsse im Blaulicht.
Die Wachtürme betteln um ein paar Gramm Panik.
Ein Schuss, nicht jeder Schuss kommt von einer Beamtenhand.

Dekorateure prüfen gereizt die Hände der Puppen.
Abgekämpfte Bären lauern auf Möglichkeiten
Zur Flucht, heim nach Sibirien, Kanada, China.

Der Mörder verrät das Kennwort Jedergegenjeden
Und verschwindet im Autodschungel. Mitspielen wollen
Alle, wenigstens als Stuntgirl oder Beleuchter.

Ein Mädchen nimmt dem jungen Fremden das Messer aus
Der Hand und tritt in ein Bistro ohne Fliegen.
Rezept des Tages: Immergrün für alle Neurosengärten.

Statisten rennen sich schwungvoll die Schädel ein an
Optimistischen Betonteilen, Umleitungen, Absperrungen.
Andere suchen Feindberührung in den Mäulern der Ubahn.

Mit rauschenden Stirnen laufen junge Dichter in
Flaschengrüne Nächte von Kneipe zu Kneipe, der große
Einfall in der Luft. Im Flugzeugkrach eine Ohrfeige.

Frauen mit Muskelkrämpfen in den Schulterblättern
Und trockener Kehle frühnachmittags vor der Fabrik
An der Bushaltestelle. Eine fällt um. Der Mörder

Versinkt unerkannt im Sitzkomfort des Wochenendes.
Touristen vor ihren teuren Getränken warten,
Dass die Schlagzeuger sich gegenseitig erschlagen.

Das Mädchen flieht mit klopfenden Pulsen bis zu
Den Stoppelgräsern einer Enklave und wünscht sich
Den Abend herbei. Ihr Freund hat alles verschlafen.

Alle Bewohner möchten ins Femsehbild und warten und
Warten auf den einzigen Lottogewinn, auf Rente, auf
Die unendliche Rocknacht, auf Revolution, auf Ruhe.

Nur die Zocker in den Aufsichtsräten, die Zuhälter
In den Bürgschaftsausschüssen, die Luden in den
Ergrauten Verwaltungen überschauen die Geschichte.

Früher zerstörte die Jugend das Alte, heute will
Sie es bewahren, der Inhaber eines Koffergeschäfts
Wird Philosoph. Die lichtdurchlässigen roten Vorhänge

In der Wohngemeinschaft sind noch nicht aufgezogen.
Schon laufen die alten Frauen in die Kaufhäuser,
Um sich aufzuwärmen, ein bisschen, zwei Stunden.

Die Straßen werden breiter und breiter, bis die
Fensterscheiben in Scherben aufwachen. Der Held bewegt
Den untrainierten Arm, als wäre die Macht zu greifen.

Am nächsten Morgen im Wartezimmer wird er zwischen
Gebuckelten Alten immer jünger. Das Mädchen sieht
Im chinesischen Restaurant den Bürgermeister

Ratlos in Bambussprossen stochern. Der denkt an
Eine Rede mit dem Wort Heimat. Die nach oben offene
Richterskala meldet neue Bewegungen in Tiergarten.

Ein harmloser Zwischenruf, und schon muß der Held
Untertauchen an einem regenroten nelkentoten
Feiertag in der schlechter besetzten Nachbarstadt.

Fernsehtürme wachsen geduldig in die Wolken.
Die Steinquader des Reichstags gefüttert vom rachsüchtigen
Gewissen der Nation ruhen an der gemütlichen Mauer.

Der Mörder stellt einen Antrag zur Geschäftsordnung
Und wird verdächtig. Polizeipferde erwarten
Stündlich den Einsatzbefehl. Maske! schreit jemand.

Im Zoom vor den Fleischerhaken in Plötzensee wird
Der Spitzel enttarnt. Das Mädchen erschrickt und
Zieht sich zurück auf einen maigrünen Trümmerhügel.

Ein türkischer Sklave kauft sich frei bei der
Gebühreneinzugszentrale. Auf den Bänken zwischen
Aufgeschreckten Fassaden herzkranke Stempelhände.

Ein alt gewordener Arier steht stramm hinter
Fenstervorhängen, hat aber das Wort Abschreibung
Oder Verlustzuweisung niemals gehört. Maske! Maske!

Jetzt kreist die Witwe wieder dreimal um die
Gute Ruine und versteckt sich im dunkelsten Zimmer.
Das Mädchen zieht immer hellere Kleider an.

Über Subjektivität entscheidet der Clan der Designer,
Und wenn die Colts durch alle Kontonummern drängeln,
Bleibt noch die Aussicht auf einen Kurztrip Mallorca.

Während der Neueröffnung der Delikatessenabteilung
Wird eine Trümmerfrau verhaftet. Die S-Bahn schlurft
Zum Friedhof und legt sich da hin zur Kartenverkäuferin.

Da streifen Fuchs, Eich und Bobrowski durchs Bild.
Alles flucht, nur der Drehbuchautor widmet ihnen
Und allen vergessenen Strolchen eine Schnapsglasallee.

Beinah hätte der Held, den endlich das Mädchen liebt,
Einen Konzertagenten erstochen. Die Abrißbirnen
Und ihre Vettern in der Bauverwaltung atmen auf.

Und die vereinigten Hochtöner, Mitteltöner,
Tieftöner in den Kompaktboxen mit 0,005 % Verzerrung
Vertreiben die Skrupel für länger. New York City

Ist das letzte Wort des Mannes im Surfanzug vor
Der Bar morgens um vier. Einer wartet, dass die
Gerechtigkeit kommt und durch Bücherregale bricht.

Das Mädchen gibt nicht auf und schickt eine
Kontaktanzeige los und weiß, dass zwei Millionen
Einsamer Herzen zwei Millionen Herzen suchen.

Ihr Traummann leidet an Durchsuchungsangst. In den
Ketchuptriefenden Boulettenstraßen Pizzainflation,
Hastig wie Vögel picken die Pärchen das Essen auf.

Am Schluss macht der Regisseur wieder alles kaputt
Mit einem langen subventionsversprechenden Gang
Des Mörders über die möwenpickende Mülldeponie.

Rathenauplatz

Einige hundert Meter von der Straßenecke entfernt, an der 1922 der Reichsaußenminister Walther Rathenau von antisemitischen Studenten ermordet wurde, liegt einer der Verkehrsschnittpunkte des westlichen Westberlin. Die deutsche Unart, solche Straßen-Knotenpunkte als Plätze zu bezeichnen, hat ihn zum Rathenauplatz gemacht.

Der Kurfürstendamm kommt hier an sein Ende. Kraftfahrer müssen entscheiden, ob sie sich in die Spuren zu den westlichen Grünbezirken einordnen, oder auf die Stadtautobahn oder auf die Avus Richtung West und Süd abbiegen. Fußgänger haben hier nichts suchen, außer den Weg zum Halensee. Der Verkehr kreist, regiert vom schnellen Ampeltakt, man fährt im ersten oder zweiten Gang. Hier will keiner hin, hier wollen alle weg. Ein Schnittpunkt wie tausend andere, mit dem üblichen Abrieb von Reifen, Verschleiß an Bremsbelägen und Verbrennung fossiler Energie. In der Mitte des Rondells aber steht ein Denkmal, das den unbekannten Soldaten des vierzigjährigen europäischen Friedens zugedacht ist, den Autofahrern.

Zwei Cadillacs, halb in Beton verborgen, halb aus Beton gewachsen, stören den auf grünen Zierwuchs abgerichteten Blick. Eine der beiden Karosserien stürzt schräg in Fahrtrichtung Boden, die andere richtet den Bug steil den wechselnden Berliner Himmeln zu. Der Künstler Vostell gibt die Vermählung der Traumautos mit dem rohen Beton der Brücken oder Mietskasernen bekannt. Er zeigt ein ungebührliches Verlassen der Fahrbahn, den Sprung der Autos von der Asphaltfläche in die Vertikale, die Richtungen rechts, links, geradeaus sind abgeschafft. In der Mitte des ungeduldigen Gedränges der Verbrennungsmaschinen stehen diese beiden Wagen einverstanden mit ihrer Kettung an den groben Beton.

Kein Wunder, dass einige Anwohner monatelang gegen diese beiden stillgelegten, nicht nach den Regeln der Straßenverkehrsordnung geparkten, halb in Beton gesargten Karos-

Einbetonierter Cadillac (mit Nanni Balestrini), Rathenauplatz
Charlottenburg, 1991

sen protestiert haben – nicht aber gegen die zehntausend oder vierzigtausend Autos, die am Rathenauplatz täglich Lärm und Gift auf die Umgebung losschießen (von den hunderttausend, die auf der Stadtautobahn unter dem Platz entlangschieben, abgesehen). Der Protest aber beschleunigte nur den Aufstieg des Kunstobjekts zum Ansichtskartenmotiv.

Das weise Wort vom Weg, der das Ziel sei, ist dem staugewohnten Autofahrer längst ein Gemeinplatz. Vostell treibt den Gedanken ein Stück weiter: das Ziel ist überall – du bist längst übers Ziel hinaus – hau ab, wenn du kannst.

Wo ihre Reibungen am heftigsten sind, ist die Stadt bei sich selbst. Plätze solcher platten Wahrheit sind auch Plätze der Ironie: Walther Rathenau, vor seiner politischen Laufbahn AEG-Chef, hat in verschiedenen Essays seine Sorgen über die Mechanisierung der Menschen durch die von ihm forcierte Technik formuliert. Das literarische Denkmal für Rathenau hat Robert Musil im »Mann ohne Eigenschaften« geschrieben – zeitweise auch am andern Ende des Kurfürstendamms.

Cavallo bianco

Sollte ich eines Morgens anfangen über die Nacht zu schreiben, in der die Berliner Mauer fiel, wie man gern sagt, obwohl sie keineswegs fiel, sondern, von einem Wimpernschlag auf den andern, durchlässig wurde und, wie jeder weiß, innerhalb weniger Stunden immer mehr ihre Eigenschaft und ihren zweideutigen Ruhm als unüberwindliche Grenze verlor, dann müsste ich, wenn ich wirklich so töricht sein sollte, das Unerhörte dieses so genannten historischen Ereignisses aus meiner Sicht anhand einiger Einzelheiten darzustellen zu versuchen, auch ein weißes Pferd erwähnen, das kein Schimmel war, sondern ein cavallo bianco, das ich in den Wochen zuvor erfunden hatte und über das ich zur Auflockerung der italienischen Unterrichtsstunden mit Frau Rosetta F. kurze Episoden mit frisch gelernten grammatikalischen Formen und neuen oder aus dem Wörterbuch gefischten Vokabeln verfasst hatte. Während wir in kleiner Gruppe an jenem Abend des 9. November beieinander saßen, müsste ich erzählen, und ich wieder einmal das cavallo bianco, ein sprechendes und für größten Unsinn begabtes Pferd, in einer neuen Episode durch das Wohnzimmer traben ließ und für die vielen groben Grammatikfehler mehr Vorwürfe von mir selbst als von Frau F. einsteckte, klingelte das Telefon. Hier müsste ich, wenn ich das einmal aufschreiben sollte, für eine kleine dramaturgische Spannungspause sorgen. Nach mitteleuropäischer Zeit, vermute ich heute, wird es zwischen 21 und 21.30 Uhr gewesen sein. Mein Freund P. rief aus den Vereinigten Staaten an, wo er sich seit einigen Wochen an einer Universität lehrend aufhielt. Er pflegte mich sonst nie aus den USA anzurufen, er war aufgeregt, und sagte schon im ersten Satz, es gingen unter seinen Freunden Gerüchte um, die DDR hätte die Mauer ein wenig geöffnet, ob das stimme. Ich lachte, und ich müsste, falls ich das einmal aufschriebe, sehr viel Mühe aufwenden, dieses Lachen zutreffend zu beschreiben, denn ich befand mich in Gedanken immer noch auf dem cavallo bianco, mit dem ich etliche kleinere Hindernisse überspringen konnte, nicht aber eine Mauer so hoch wie die Berliner Mauer. Ich halte es für ziemlich unwahrscheinlich, dass er gesagt hat: Sie haben es eben im Fernsehen gemeldet. Es dürfte also noch nicht der Moment der Breaking News gewesen sein, denn dann hätte P. weniger fragend und vorsichtig gesprochen und ich hätte aller Voraussicht nach nicht gelacht, sondern das Radio eingeschaltet. Obwohl ich nicht mehr rekonstruieren kann, was ich antwortete, diktiert mir die schöne Lügnerin Erinnerung, ich hätte dem Inhalt nach etwa Folgendes gesagt: Das halte ich für Quatsch, wahrscheinlich haben die Journalisten oder deine Freunde übertrieben und die (phantastisch kritische, fröhlich umstürzlerische) Demonstration (der Bürger des damals noch Hauptstadt genannten Ost-Berlin) vom 4. November falsch verstanden oder ein wenig überinterpretiert. Da ist viel in Bewegung, endlich, könnte ich gesagt haben, alles sehr aufregend, aber so schwach ist die Regierung nicht (oder noch nicht), dass sie die Mauer durchlässig macht. Mein Freund, müsste ich erklären, war durch sein Buch »Mauerspringer« zum Fachmann in Fragen der Berliner Mauer aufgestiegen, und er schien ziemlich enttäuscht von meiner Antwort, er hätte gern aufregendere Neuigkeiten erfahren. Ich sah keinen Grund, länger über Gerüchte schlecht informierter Amerikaner zu reden, P. ebenfalls, er war nicht zufrieden mit unserem Gespräch, mein cavallo bianco scharrte mit den Hufen. Auch nachdem ich aufgelegt hatte, und das wäre nun mit besonderer Sorgfalt zu beschreiben, spürte ich kein Verlangen, mir nähere Informationen einzuholen vom lokalen Sender, und es war nicht die Stunde der Nachrichten. Ich ging in das Wohnzimmer zurück, sagte, P. hätte angerufen wegen der Demonstration vom 4. November, und wir setzten die italienische Konversation fort. Gut eine Stunde später, und das wäre nun erst der Anfang der Geschichte, schalteten wir die »Tagesthemen« ein und vergaßen das cavallo bianco für viele, viele Jahre.

Übergang Heinrich-Heine-Straße
Kreuzberg, 1974

Plötzlich im Havelland

Staunende Gesichter, wenn ich außerhalb Berlins erzähle, dass der Fall der Mauer auch für die West-Berliner eine Befreiung war. In den sechziger Jahren nahm ich die Mauer als gegeben hin, in den siebziger wurde sie mir lästig, in den achtziger Jahren ärgerlich. Plötzlich, ab Dezember 1989, ohne Kontrollen, ohne Pass in die naheliegenden Landschaften und zu den nahewohnenden Freunden eingelassen zu werden, dieser Gewinn war, ganz subjektiv, der größte. Ohne diese Möglichkeit zum immer einfacheren Überschreiten der Grenzen, ohne das Staunen und Aufatmen dabei wären »Die Birnen von Ribbeck« nicht entstanden.

Nachdem West-Berliner endlich mit dem bloßen Ausweis in der Hand, ohne die vielfach bestempelten Tagesvisa, in die DDR hineinfahren konnten, führte ein erster Sonntagsausflug im Januar 1990 die Familie in das Dörfchen Ribbeck, keine dreißig Kilometer von der Stadtgrenze entfernt, berühmt durch das Lesebuchgedicht »Herr von Ribbeck auf Ribbeck im Havelland«, von Theodor Fontane. Früher, als die Autobahn Berlin-Hamburg noch nicht gebaut war, fuhr man auf der Fernstraße 5 durch das Dorf, durfte aber nicht anhalten, es waren immer nur kurze Blicke erlaubt, »Ist da ein Schloss? Ist da ein Birnbaum?«, so waren Ribbeck und der Fontanesche Birnbaum Ort eines Tabus geworden. An jenem Sonntagnachmittag trafen wir nun, dicht am berühmten Birnbaum, auf einen LPG-Bauern, Traktorfahrer, der nach kurzem Gruß von sich aus zu reden begann, vom Birnbaum, vom Dorf, von den alten Ribbecks, von der Partei, von den Schikanen, von seinen Erwartungen. Was er erzählte, war in keiner Weise geordnet, chronologisch schon gar nicht, sondern alle Geschichten, längere oder kürzere und die Kommentare dazu, wurden durcheinander, ineinander, assoziativ erzählt, dass ich zunächst nie genau verstand, ob das Erzählte vor drei Jahren, vor dreißig Jahren oder zu Zeiten des letzten Herrn von Ribbeck oder seiner Vorväter spielte. Schon während der Mann redete und redete und nicht aufhören wollte, kam ich mir vor wie mitten in einem lateinamerikanischen Roman. Ich dachte, da liebt man diese Literatur aus einem fernen Kontinent, in der Mythen, Sagen, Gerüchte, politische Fakten und die merkwürdigsten Schicksale auf den Äckern ununterbrochener Ausbeutung blühen und unchronologisch und phantastisch miteinander verwachsen – und hier, in einem Dörfchen, ein paar Kilometer vor deiner Haustür, erzählt ein Bauer, als hätte er eine Geschichte von Gabriel García Marquez nachzuerzählen.

Deshalb war schon auf der Rückfahrt nach Berlin der Gedanke nicht mehr abzuweisen, dass diese Geschichte geschrieben werden sollte. Ich notierte sofort einen Titel, »Die Birnen von Ribbeck«, hielt aber, als etwas zu ordentlicher und disziplinierter Schreiber, an der Arbeit am Roman fest, »Himmelfahrt eines Staatsfeindes«, im Februar, im März, noch im April 1990. Ende April war es nicht mehr auszuhalten, ich beschloss, die Geschichte *jetzt* zu schreiben, fuhr nach Ribbeck, fand den Bauern wieder, sprach mit ihm, erzählte von meiner Idee, die ich mit einem Originaltonfeature für den Rundfunk ergänzen wollte, er machte mit und empfahl mir viele andere Leute im Dorf als Gesprächspartner. Die Arbeit konnte beginnen, und sie ging rasch voran, parallel zu den ersten Interviews entwickelten sich die ersten Seiten und die weiten Facetten des langen, langen Satzes, geschrieben im Rhythmus der aufregenden Veränderungen in den letzten Monaten eines Staates, der sich jahrelang als »real existierender Sozialismus« gefeiert hatte und nun mehr und mehr ins Gegenteil verwandelte: ein Absturz ins Irreale, ins schöne Chaos, als das Oberste zuunterst und das Innerste nach außen gewendet wurde und vor jede bis dahin gültige Existenz das neue, marktwirtschaftliche Vorzeichen gesetzt wurde.

Auch ich war berauscht von diesem Absturz, dieser »Niederauffahrt« (Manganelli), ich war begeistert und besorgt, aber mehr begeistert als besorgt, und ich sagte mir: Du musst vor allem offen sein, du bist der Chronist, wenn sonst keiner deinesgleichen hier aufkreuzt. Inzwischen habe ich beim jungen

André Gide eine Devise für dies Verhalten entdeckt: »Sich selber als Mittel betrachten; niemals also sich selber vor dem gewählten Ziel, vor dem Werk den Vorzug geben.« Damals dachte ich nur: Du mußt alles aufnehmen, alles hineinarbeiten, es darf auch für dich keine Grenzen mehr geben. Schließlich wollte mir nicht einmal eine Satzgrenze gelingen, ein Punkt wird erst am Ende des Buches gemacht, auf Seite 79.

Die vielen Fahrten im Frühjahr 1990 nach Ribbeck waren darum mehr als Arbeitsbesuche. Woche um Woche, Monat um Monat verschwand ein Stück Grenze, veränderte sich das Bild, und das Schönste war: Man konnte einfach losfahren. Bei jeder Fahrt konnte ich mich der Wirklichkeit der Traumerfüllung versichern und erfreuen, dass es da, um mich herum, keine Grenze mehr gab.

Der kleine Unterschied
oder Ein Amerikaner in Berlin

Ein Mensch aus einem anderen Kontinent reist, mit der Bahn aus Österreich kommend, nach Berlin. Im südlichen Deutschland steigen vier junge Männer in das Abteil des Ausländers, der sich durch dunkelbraune Hautfarbe auszeichnet. Die vier beginnen, den Fremden erst mit Witzen, dann mit blöden Drohungen zu belästigen. Sie schlagen ihn, im Zug, wo er nicht fliehen kann, und sie schlagen ihn noch auf dem Bahnsteig Berlin-Lichtenberg, wo ihm niemand hilft, auch die Polizisten in der Nähe nicht.

Solche Geschichten passieren täglich, wenige stehen in der Zeitung, und auch die mag man ja nicht mehr lesen. Jeder hat so etwas mal beobachtet oder von Bekannten gehört. Die Reaktion ist meistens eine mit Achselzucken gemischte Empörung über die nach Schema Nazi beurteilten Skins. Die Bösen, das sind die andern.

»Ich bin öfter verprügelt worden«, sagte der Geprügelte, ein Bürger aus den USA, »aber bei uns zu Hause bilden sich schnell zwei Parteien. Da gibt es sofort welche, die zu dir halten oder dazwischengehen. Aber hier, in Berlin, da stehn die Leute um dich rum, im Sicherheitsabstand – und keiner verteidigt dich. Du bleibst allein. Das ist der Unterschied.«

Ein kleiner Unterschied mit großen Folgen. Viel wird darüber spekuliert, ob und wie Berlin nun zur großen europäischen Metropole wird. In der Tat begeistert es viele Leute, auch mich, dass Berlin, aus dem Zustand der künstlichen Idylle entlassen (so die Welt-Perspektive), den so rauen wie herzlichen Wind einer Weltstadt zu spüren bekommt.

Aber manchmal beschleicht einen der Verdacht, dass uns Berlinern für die Rolle der Weltstädter noch die eine oder andere Kleinigkeit fehlt. Der verprügelte Amerikaner hat mich wieder darauf gebracht. Was fehlt, was sich im Osten nicht entwickeln konnte und im Westen nie so recht gefragt war, ist eine Tugend, für die wir nur ein Fremdwort haben: Zivilcourage. Wenn die Mehrheit aus Angst wegschaut, während die Minderheit verprügelt wird, sind nicht mehr die Skins das Problem. Sondern die Courage der Zivilisten. Nicht nur dann, wenn die Uniformierten, die der Amerikaner »Skins with a job« nannte, ihren Amtseid vergessen.

SELBSTPORTRÄT MIT LUFTBRÜCKE

Zu neunundneunzig Prozent ein Schimpanse
streif ich durchs Gelände des restlichen Prozents,
durchs Gehölz der Gene vorwärts wohin und
immer den Schritt weiter, der dann zu weit geht: Abstand!
suche die Hautfelder, die zeitweise frei sind,
den Herztakt eins zwei, eins zwei, eins zwei,
bis es heißt: Abstand! und keine Zeit ist vertan.
Meine, deine, alle Zellen sind nicht einfach Zellen,
sondern wie kurze Bindfäden gebaut, winzige
Neuronenfäden, melden die Wissenschaftler.
Ich hab das längst geahnt, zarte Lebensfäden,
die sich Gewissheiten entziehen: alles ein Tasten,
Schaukeln, Näherrücken, Abstand feiern. Ich
entferne mich

Und bin da, Treppen, Rollteppen, Rollfelder,
wo die Kinder mit Händen nach Flugzeugen griffen,
aus denen Kohlen, Rosinen, Schweinehälften fielen.
1948, mein erster Versuch abzuheben,
am Boden geblieben, im Boden versunken
neben dem Kirchplatz, weil der Motor stotterte
und ich immer im falschen Moment die Luft ausstieß.
Selten gelang mir, was die fliegenden Menschen
touch down nennen, in der richtigen Sekunde
am richtigen Ort mit angemessener Geschwindigkeit
landen.

Ach, frag mich nicht, wohin die Reise geht,
wenn so viele Maschinen in alle Windrichtungen starten
und Ankunft und Abfahrt eine Sekunde oder ein Jahrzehnt
auseinanderliegen: gewohnt, dem Stand der Dinge
möglichst weit hinterher zu sein oder voraus,
beobachte ich die Fäden der Verlassenheit,
wie sie vibrieren, zerreißen, verbinden,

Eine Pan Am-Maschine im Landeanflug
Tempelhof, 1973

bis in die Schuhspitzen, die Fingerkuppen –
und was eben noch zu greifen war, verschwindet
in einem hellen Bildpunkt, hinter Zahlenschlössern,
Stirnwänden.

Im Septemberlicht klare, durchsichtige Stimmen,
die keinen Verstärker brauchen –
ungeschickt steh ich vor diesem Denkmal,
mit dem faltigen Gesicht eines Schimpansen,
warte, bis die Fotografen mit der Arbeit fertig sind,
und fahnde nach dem Lächeln, das die Fundamente bricht –

Ein Sprung, ein Echo, Augenblitz:
Neben einem Wasser leben,
das nicht steigt, an einer Brücke, die
durch das Dickicht der Luft führt auf eine überraschende
Bahn: und dann –

Optimistenbunker

Als Fußgänger war ich seit der Zertrümmerung der Mauer nicht mehr an dieser Stelle gewesen. Nadelöhr, Labyrinth, Trümmerlandschaft, Baustelle, Stauplatz, Rennstrecke, Aussichtspunkt, Touristenmagnet. Der mauerlose Herzpunkt der Mauerstadt. Schräg mittendrin und elegant der Container auf ein Stahlgerüst gestreckt. Ein frecher roter Klotz zwischen all dem wüsten und geplanten Durcheinander. Mitten im Lärm ein Dreiklang aus Rot und Glas und Stahl. Vor dem Eingang parkte ein grüner Bus, Stadtrundfahrt. Es gefällt mir allmählich, Tourist in der eigenen Stadt zu sein.

Die Investoren, Firmen, Architekten, wie sie sich selber feiern mit ihren Modellen, Erklärungen und besten Absichten, das interessierte mich wenig. Alle strengen sich an, das Glänzende, das Gigantische als das einzig Mögliche darzustellen. »Kultureller Verantwortung« und »urbaner Würde« seien sie pflichtet, die am Potsdamer und Leipziger Platz bauen. Wer will das glauben. Inflation der Zauberwörter: interaktiv, innovativ, informativ, flexibel.

In einem Glaskasten, einer Sound Box, durfte man per Knopfdruck Geräusche von gestern, heute und morgen abrufen, Bahnhof, Autoverkehr, Park. Für das Jahr 2035 werden schauderhafte Piepstöne und Roboterstimmen versprochen. Einfallslos bis zum Weglaufen. Ein Kurzfilm über den Kaisersaal, natürlich mit Kaiserwalzer, man hat Kultur bei Sony. Immerhin Strauß, das einzige anständige Stück Musik zwischen dem ganzen digitalen Gefiepe. Ich war in einem Optimistenbunker gelandet. In jeder Etage ein neues Multi-Media-Theater, jedes mit der gleichen Botschaft: Die Vergangenheit war schlecht oder schwierig und mit Geschichte belastet, die Zukunft wird gut und schön und schick.

Die Zukunft war langweilig, eine Sache der Logistik. Ich wandte mich ab von den Entwürfen, Datenbanken und Computersimulationen und schaute immer öfter nach draußen. Auf Kräne und Verschalungen, auf Baugruben und Rohbauten, feuchten Beton, festen Beton, auf die geduldigen Bäume des Tiergartens, Holzzäune, blaue Rohre, aus denen Grundwasser in rostige Stahlwannen mündet, auf das Gewirr der Abstützungen, Wände und Schächte der Tunnelbauten, Container in Legoland-Farben, Baufahrzeuge, Betonmischer, Autos auf provisorischen Stahlbrücken und die paar Menschlein dazwischen.

Auf einmal fühlte ich mich glücklich da oben, auf dem Dach der Info Box thronend über der Geschichte. Reste der knallig bemalten Mauer auf der einen Seite, davor ein Stadtführer mit japanischen Touristen, schäbige Bratwurstbuden, Stilleben mit Schrott auf zertrampelten Rasenflächen, auf einem grauen Hinterhof vor dem Preußischen Landtag eine Mexico Bar. Auf der anderen Seite Brachland mit Grundmauern der letzten Bunker-Behausungen der Nazigrößen, dicht daneben die kurz vor 1989 erbauten Wohnblocks für DDR-treue Leute, weiter links der Reichstag mit dem Gerüst des Straußeneis auf dem Dach und das weltbekannte Tor im Profil. Forum Germanicum, wenn ich noch wüßte, wo ich dies Wort aufgeschnappt habe.

Nun wird das nächste, das gläserne Jahrhundert hochgezogen. Noch ist alles unfertig, roh und im Werden, Hochbau und Tiefbau im Wettstreit. Bald ist die Welt perfekt: interaktiv, informativ, innovativ.

Nie wieder, dachte ich, wird es hier so schön sein wie jetzt, wie heute, in diesen Minuten, so unfertig, vielfältig, wild, wund, lebendig, knospend und sprießend wie ein Frühling. Jetzt die Posaune! Oben auf der Dachterrasse das Instrument auspacken und ein paar Fanfarenstöße beisteuern. Jericho spielen mitten in Berlin.

In der Info Box eine Lunch Box, aber der Kaffee war dünn. *Bau-Herren-Schoko-Becher, Grundwasserfruchtbecher, Der heiße Grundstein* oder *Baggerladung* waren die Namen für die Eisbecher und Drinks, die hier angepriesen wurden. Eine Cola mit einer Kugel Vanilleeis hätte ich für 6,50 DM als Ein *Schluck Pfütze vom Potsdamer Platz* trinken können. Sogar der Berliner Humor wird hier simuliert.

SONY

Sand, Bürgersteigplatten, Parkett, Beton, Linoleum, Teppich, jeder Boden schwankt in Berlin... Du fällst immer, aufwärts oder abwärts... Von der ersten Posaune zur zweiten abwärts ins Gnadenbrot... In jeder Minute damit rechnen, dass einer dich wegkickt wie eine Coladose... Konkurrenz muß sein, Konkurrenz belebt... Früher kam die Gefahr von außen, heute wühlt sie von innen... Ich bin mein liebster Konkurrent, das hab ich damals in der Hochschule gelernt, in den friedlichen Zeiten des Drängelns um die ersten Fleischtöpfe... Die Sehnsucht, möglichst schnell unter die Fuchtel eines dirigierenden Tyrannen zu geraten ... ja, in Berlin gibt es zwei Dutzend gute Posaunisten, vier oder sieben sind vielleicht besser als du, die meisten schlechter, aber wenn du dich damit tröstest, bist du schon verloren... Morgen bist du abserviert... Wenn du kein Beamter bist... Ein ewiger Stadtmusikant... So hat es angefangen und jetzt das Ganze rückwärts in die zweite Liga, in die Sozialhilfe, ins Altersheim.

Niemand kommt ungestraft nach Berlin, ja, ich bin gern geblieben, ich dachte, ich hätte alles erreicht, es wäre alles entschieden... Nein, es gibt keine Wurzeln hier, kein festes Dach überm Kopf... Auf wen ist Verlaß, jeder verläßt sich auf sich... Oder auf seine Partei oder Firma... Allen ist unwohl, aber es rechnet sich... Kein Stein bleibt auf dem andern, kein Gedanke... Der Optimismus auf den Bildschirmen der Architekten... Die Versicherungen spielen mit, also wird es nicht schiefgehen... Man muß nur glauben... Ich konnte nie glauben... Nur an mich...

Alles wäre in Ordnung, wenn ich sagen könnte: Ich gehöre Sony... Ich wäre mit meinem Blech ein Teil der riesigen Sony-Maschine, der Sony-Beschallung... Aber ich gehöre Sony nicht... Die Dirigenten gehören Sony, die Orchester gehören Sony, Verdi und Mozart und Wagner und Bach und Beethoven und Strauss und Donizetti gehören Sony... Ich bin entmannt ohne Sony... Ich war einmal der Stimmführer und mache nun keine Mugge mehr mit Sony, und Sony blüht trotzdem und pflanzt hier seine Bauten hin... Ich sehe zu, wie Sony wächst, wie Berlin wächst... Ich wachse nicht mit, ich schrumpfe... Ich sehe von unten den von Sony gemieteten Baukränen zu... Ich höre Sonys Kaiserwalzer zu... Was wird mit den Baukränen, wenn die Häuser fertig sind... Ich beobachte die Sieger von Sony beim Sängerwettstreit... Wer gewinnt das Bauland, die Tunneltiefen, die lichten Höhen und die Spurbreiten, auf denen wir laufen mit Sony und spuren in die Zukunft...

Solche Sätze posaunten mir durch den Kopf, als ich heute wieder auf der Terrasse der Info Box stand. In Sichtweite der unsichtbare Führerbunker.

In der U-Bahn schreit einer »Heil Honecker!« Die Leute, die meisten jung, lachen. Zwei jüngere Männer wenden sich an den Betrunkenen, »Geht es Ihnen gut? Können wir Ihnen helfen?«

Ja, manche lernen es doch.

Sponsoren

Die gute Nachricht: Es werden wieder Brunnen fließen in Berlin. Im vorigen Jahr überall die traurigen trockenen Brunnen und dazu das verlogene Wort vom Sparen. Eine Stadt, die kein Wasser für ihre Brunnen hat, verdient den Untergang, sagte C. Jetzt rücken einige Bezirke doch etwas Geld für fließendes Wasser heraus, und für große Brunnen in der Innenstadt haben sich »Sponsoren« gefunden. Der Untergang ist verschoben.

Sponsoren, das neue Wort für Totengräber. Zahlen keine Steuern, drücken der Stadt den Hals zu und stiften dann zur Beerdigung einen vergoldeten Spaten, der im Blitzlicht der Kameras leuchtet.

Neujahrswunsch 1996

Ich wünsche, dass die Banken dem Land Berlin sämtliche Schulden erlassen, 51,1 Mrd DM, in Worten einundfünfzigtausendeinhundert Millionen, damit endlich wieder Politik gemacht werden kann in Berlin. Ich wünsche mehr Sänger in den U-Bahnen und S-Bahnen, manchmal auch im Oberdeck der Busse. Ich wünsche Berlin, dass es nicht zu sehr verschinkelt und auch der Heiterkeit der modernen Architektur Raum gibt. Ich wünsche eine offene Gedächtniskirche auch im Winter und eine Verwaltung, die pro Jahr fünf Prozent ihrer Vorschriften, Verordnungen und Durchführungsbestimmungen abschafft. Ich wünsche verständlichere Grafitti. Ich wünsche, dass der Potsdamer Platz im Sommer zum Baden freigegeben und später ein wirklicher Platz wird. Ich wünsche, dass mehr Ausländer zu Inländern werden oder sich wie Inländer willkommen fühlen. Ich wünsche, dass etwa ein Viertel aller Parteiköpfe und Politiker, die sich im Sozialbau ihrer Ämter und Pfründen eingenistet haben, eine Fehlbelegungsabgabe bzw. Fehlbesetzungsabgabe von siebzig Prozent ihrer Bezüge an die Landeskasse zahlen. Ich wünsche mehr Licht in Lichtenberg, mehr Charlotten in Charlottenburg, mehr Rummel in Rummelsburg, mehr Hauptmänner in Köpenick und mehr Füchse in Reinickendorf. Ich wünsche Berlin viel weniger Arbeitslose und viel mehr Wohnungen. Ich wünsche, dass die gleiche Summe, die an Schmiergeldern gezahlt wird – man spricht von mindestens zwanzig Prozent der von der öffentlichen Hand vergebenen Bauaufträge – auch für Obdachlose gezahlt wird. Ich wünsche, dass alle, die in Kontaktanzeigen Kontaktpersonen suchen, rasch mit den gewünschten Kontakten befriedigt werden, und wünsche, dass die Schrittgeschwindigkeit in den verkehrsberuhigten Zonen eingehalten wird. Ich wünsche Berlin kein Schloss, aber einen Lustgarten, der seinem Namen Ehre macht. Ich wünsche, dass dreißig Prozent mehr Rentner von ihren Fernsehschirmen loskommen und sich in den letzten Eckkneipen mit teetrin-

Krumme Straße
Charlottenburg, 1973

kenden Türken verbrüdern. Ich wünsche mehr Geduld mit dem Schienenersatzverkehr und staufreie Straßen mindestens zwischen Kollwitzplatz und Witzleben. Ich wünsche Berlin, dass die Herren an der Spitze der Verkehrsgemeinschaft Berlin-Brandenburg nicht nur betriebswirtschaftlich rechnen lernen, sondern auch volkswirtschaftlich. Ich wünsche einen lauteren Widerstand der Studenten gegen ihre staatlich verordnete Verschuldung und wünsche einer Schlüsselindustrie dieser Stadt, dem Buch- und Geisteshandel, eine Verdopplung der Umsätze. Ich wünsche eine dreihundertprozentige Erhöhung der Hundesteuer, für Rentner meinetwegen nur hundertfünfzig Prozent. Ich wünsche allen Bonnern, die nach Berlin kommen, an den Flughäfen und Bahnhöfen eine Art Sicherheitsschleuse oder Jungbrunnen, der ihnen etwas vom DIN-genormten Horizont und vom Gartenzwerg-Ordnungswahn elektronisch abwäscht. Ich wünsche weniger Taschendiebe. Ich wünsche mehr Arbeitsplätze in der Stadt und mehr Blumen im Umland zu den Arbeitsplätzen dazu. Auch wenn in Berlin längst jede der endlos vielen »Szenen« nach ihrer Façon selig zu werden trachtet, wünsche ich allen 97 Berliner Szenen mehr Offenheit und Freiheit, über den eigenen Tellerrand hinwegzuschauen. Ich wünsche eine herzhafte Fusion zwischen Berlin und Brandenburg. Ich wünsche sieben Prozent mehr Heiterkeit in den Gesichtern und elf Prozent mehr Liebespaare auf den Straßen und vier Prozent mehr Richtfeste. Ich wünsche allen Beamten, dass sie den nichtverbeamteten Berlinern das Leben erleichtern und nicht erschweren. Ich wünsche, die Parteiköpfe begriffen, dass der Posten einer Kultursenatorin oder eines Kultursenators vielleicht nicht wichtiger ist als der des Wirtschaftssenators, aber doch wichtiger als der des Regierenden Bürgermeisters. Ich wünsche den Berlinern, dass sie ihre Stadt auch mal als eine große, lebendige Collage wahrnehmen können. Ich wünsche uns allen eine coole Hotline zu den alltäglichen lauwarmen Problemen. Ich wünsche allen 3,2 Mio Berlinern mindestens zehn Prozent mehr Neugier auf Berlin und allen, urbi et orbi, eine gute Portion der Freundlichkeit und der Geduld von Heiner Müller. Ich wünsche, kurz gesagt, dass die Berliner den Reichtum ihrer Stadt erkennen und damit mehr anzufangen wissen.

Das wären einige meiner bescheidensten Neujahrswünsche, mit denen ich Berlin grüße und den Rest der Welt und, wie die jüngsten Hörer sagen würden, alle, die mich kennen.

Türkische Familie
Tiergarten, 1973

Keine Courage

Was vor einer Woche auf dem Friedhof an der Heerstraße in Berlin geschehen ist, dürfte wohl einer der schlimmsten Anschläge auf die deutschen Juden seit 1945 gewesen sein. Heinz Galinski wird ein Sprengkörper ins Grab gelegt. Ein toter Jude wird an einem sakralen Ort auf die niederträchtigste Art attackiert und verhöhnt. Ein Mann, der eine Symbolfigur für das aktive jüdische Leben nach dem sechsmillionenfachen Mord gewesen ist, sollte nachträglich, man muß es einmal so drastisch sagen, symbolisch ermordet werden.

Am erschreckendsten aber ist, daß dieser symbolische Mord mit einem raffinierten, fast an Goebbels geschulten Kalkül auf die zivile Substanz dieser Gesellschaft zielt – und trifft.

Das dachte ich, als ich in der Zeitung das Foto sah: Ignatz Bubis begibt sich an den Tatort, verneigt sich vor dem Grab. Sofort kam die Frage auf: Warum nur er? Wieder einmal übernimmt der Vorsitzende des Zentralrats der Juden die Arbeit, das Entsetzen zu formulieren und sich neben das Opfer, den geschändeten Toten zu stellen. Ihr Entsetzen haben auch andere in Worte gefasst, mehr oder weniger routiniert. Aber kein namhafter Politiker, kein prominenter Christenmensch hat vor Heinz Galinskis Grab gestanden und eine demonstrative, offensive Geste gewagt.

In Israel sagt man: »Antisemitismus ist nicht unser Problem, es ist das Problem der Antisemiten.« In Deutschland können wir nicht so cool sein – aber hier bequemt man sich gern damit, die Abwehr des Antisemitismus den Juden zu überlassen. In neuen Medien das alte Muster: Der Christ will seinen Frieden, der Jude sorgt für Unruhe (während es in Wahrheit ja umgekehrt ist).

Gegen einen Ehrenbürger Berlins wird ein Anschlag verübt, wie er infamer kaum zu denken ist – und was tut der Regierende Bürgermeister? Er ist betroffen, er sagt seine Sätze – aber er kommt nicht auf die Idee, bei seinen ständigen Fahrten durch die Stadt einen Umweg über die Heerstraße zu machen und am geschändeten Grab markante Worte zu sagen. Ist das zu viel verlangt von einem schlappen Politiker, der sich schon von einem nicht vorhandenen Holocaust-Mahnmal belästigt fühlt?

Und die Regierung?

Wo waren sie, die Minister? Wissen sie, ständig umlagert von Mikrophonen und Kameras, was Repräsentanz im richtigen Augenblick am richtigen Ort bedeutet? Warum ließen sie Bubis allein?

Niemand komme mit der Ausrede »Termine«. Termine haben wir alle. Auch Ignatz Bubis hatte gewiss keinen Termin am 21. Dezember in der Heerstraße.

»Jüdische Einrichtungen werden jetzt besser geschützt« – begreift ein Nichtjude noch den Skandal, der in solch einer Nachricht liegt? Nichts gegen die notwendigen Debatten um das Mahnmal und um Walser – doch es scheint, als gehe unter dem aufwendigen, spektakelhaften Streit um Worte und Ideen das Gespür für die reale Gewalt verloren. Selbst im Fontanejahr, um nur ein feuilletonistisches Beispiel zu nennen, hätte kein dunkelhäutiger US-Bürger, kein Italiener, kein Israeli oder Japaner ohne Gefahr für Leib und Leben Wanderungen durch die Mark Brandenburg unternehmen können. Das Gespür für die Dimension des Berliner Anschlags vom 19. Dezember ist erschreckend unterentwickelt. Man hat Termine. Aber keine Courage.

Wunschzettel auf dem Forum Germanicum

Seit dem 27. September 1998 scheint es leichter als vordem, über die Berliner Republik zu sprechen. Mit dem abrupten Ende des Kohlschen Wilhelminismus lichtet sich einiger Nebel um diesen Begriff, der gestern noch modisch war und heute wegweisend wirkt. Der Umzug in die neue alte Hauptstadt wird begleitet von der Aussicht auf einen rot-grün aufgeklärten Pragmatismus. Schon beobachtet man allenthalben eine neue Leichtigkeit, eine geradezu undeutsche Gelassenheit und heitere Nüchternheit in den Köpfen und in der Politik.

Seit dem 2. Oktober gilt alle Berlinische Neugier der debis-Welt am Potsdamer Platz, und ich erinnere an die schöne Pointe: Daimler hat seine Hochhäuser an dieser Stelle, das hat man längst vergessen, dem rot-grünen Senat zu verdanken. Vor rund zehn Jahren wurde das Grundstück für wenige Millionen fast verschenkt, die Grün-Alternativen aber wollten mehr Geld von dem Konzern. Was für ein archetypischer Streit war das, als die Grünen unter Führung der Tochter Albert Speers gegen Daimler unter Führung des Emigranten-Sohnes und SPD-Freundes Reuter um den Preis für den noch von der Mauer begrenzten Potsdamer Platz kämpften!

Trotz der fertigen debis-Fassaden wird die Info Box der Ort bleiben, wo die Hauptstadt, wo die Republik in ihre Zukunft schauen darf. In dem eleganten, frechroten Container über dem Potsdamer und Leipziger Platz haben sich seit 1991 mehr als fünf Millionen Touristen und Berliner über die laufenden Bauvorhaben informiert. Modelle, Erklärungen, Computersimulationen, Schautafeln, beste Absichten. Der provisorische Stahlkasten ist zum Mittelpunkt der Stadt geworden, die ihre Mitte sucht.

Mitten darin steht eine Sound Box, eine gläserne Kabine, in der man auf Knopfdruck verschiedene Geräusche abrufen kann. Eine Taste ist beschriftet: 2035? Da hört man eine Roboterstimme, welche die Ankunft eines Spacetrain ansagt, dazu Technotakte, jaulende Piepstöne. Die menschliche Stimme ist wegrationalisiert, science fiction-Abklatsch im Zentrum von Berlin.

Ich geb es zu, ich mag die Banalität solcher mythischen Orte. Wo einst die Mauer trennte, wächst nun triumphal das Neue, eine hektische Vereinigung aus Stahlbeton, Glas, Klinker und Glasfaserkabel. Doch je mehr gebaut wird, desto größer die Rätsel: Was ist das Neue, das die einen feiern, und die andern fürchten? Der frische Glanz belebt die alte Sphinx Berlin.

Im Jahr 2035 nur Glashäuser und Roboterstimmen? Das kann doch nicht alles sein, denke ich, oben auf der Aussichtsplattform der Box.

Kann eine Stadt, in der orthodoxe Juden mitten auf dem Kurfürstendamm angepöbelt werden, eine Stadt, die nicht einmal mit dem Problem der Hundescheiße fertig wird und die es zulässt, dass ein einziger CDU-Husar eine ganze Große Koalition am Gängelband hält, kann eine solche, überdies politisch geteilte Stadt zum Zentrum einer modernen Republik werden?

Ja, sie wird es. Weil sie es schon ist: mittenmang in allen Widersprüchen.

Es sieht so aus, als läge die positive Antwort für Berlin und die Zukunft der Republik in der Weite des Horizonts vom Potsdamer Platz: zwischen den pompösen, bunkerhaften, unwirtlichen debis-Bauten und dem leichten, offenen Sony-Gelände, zwischen dem Kulturforum, der fernen Glaskuppel des Reichstags, den Tunnelschächten, dem Tiergarten und dem Brachgelände für das Holocaust-Mahnmal.

Hier haben wir ein Forum Germanicum, ein durchaus lebendiges, wo Trümmer und Bauten deutscher Geschichte dichter als anderswo beieinander stehen. Auch wenn der Führerbunker zugeschüttet, die Mauer bis auf einen Vorzeigerest, der bald verschwinden wird, unsichtbar geworden ist, es bleiben einige runderneuerte Stücke aus der Vergangenheit, die nun in die neue Bundesherrlichkeit eingegliedert werden: Reste des preußischen Klassizismus, des Kaiserreichs, der Nazizeit, der DDR und des amerikanischen Berlins. 1791, 1871, 1919, 1933, 1945, 1961, 1989 – alles da. (Wie feige wäre es, das sieht man schon jetzt, den Eisenman'schen Holocaust-Friedhof – oder einen provozierenden Ersatz – südlich vom Brandenburger Tor aus diesem Ensemble zu tilgen.)

Was hat der Kreuzpunkt der deutschen Geschichte mit den Roboterstimmen des Jahres 2035 zu tun? Eine ganze Menge. Elektronik, Digitalisierung, Mechanisierung werden die künftige Republik stärker bestimmen als preußische oder nationalistische Traditionen. (Nebenbei: Keine deutsche Stadt ist internationaler als Berlin, darum hat der Nationalismus hier kaum Chancen. Und die Berliner Türken werden vielleicht die letzten Preußen sein.)

Man wird fragen, was die sichtbaren Symbole der Historie zu bieten haben gegen die klare multimediale Botschaft der lnfo Box: Die Vergangenheit war schlecht und mit Geschichte belastet, die Zukunft wird gut, schön, schick – langweilig. Shopping, Dienstleistung, Kultur, that's it. Geschichte wird gelöscht – oder in Form eines Mauerstücks in die Bibliothek des Bundestages eingebaut. Die Schlüsselwörter heißen: interaktiv, innovativ, informativ.

Stellvertretend für die Berliner Republik ist das Forum Germanicum samt Potsdamer Platz und lnfo Box ein Scheidepunkt geworden, an dem nicht nur der computergestützte Optimismus und der historiengestützte Pessimismus aufeinanderprallen. Auch rechtsliberal oder linksliberal gefärbte Kritiker, die überall Verfall, Elend, Überdruß, Immobilismus wittern, finden hier reichlich Stoff für ihre Meinungsbildung.

Ich habe nichts dagegen, aber ich merke: Meinungen langweilen mich. Besonders dann, wenn sie auf deutsche Art präsentiert werden: ironiearm, mit hämischen Zeigefingern, mit Klagen über das Wehklagen, mit alten oder neuen Schubladen-Zuordnungen und dem, was alle Gegner eint, die sich auf dem Meinungsmarkt tummeln, dem Lagerdenken.

Rund fünfundzwanzig Jahre habe ich in Berlin mit der und gegen die Mauer gelebt, und ich freue mich immer noch, wenn ich die Mauergegenden ohne Mauer sehe. Warum, überlege ich, den Blick halb nach Osten gewandt, warum starren so viele Deutsche, einschließlich mancher klugen Essayisten in der ZEIT, so ängstlich und in vorauseilendem Nörgeln auf das, was sich demnächst unter diesen Baukränen, hinter diesen Fassaden, unter diesen Dächern einrichten wird? Ist die Kohl-Ära der Grund, weshalb wir vorsichtshalber immer das Schlimmste erwarten, oder wenigstens: schlecht bedient zu werden? Können wir noch umgekehrt denken?

Warum sollten wir, die Deutschen, diesem deutschen Staat nicht ein paar Geschenke machen?

Die Wahl und die ihr folgende Schwungkraft, die vielleicht noch einige Zeit anhält, war schon ein solches Geschenk. Aber es gibt einige Gründe und Präsente mehr zu verzeichnen.

Die Republik wird fünfzig, das ist ein respektables Alter, das eine ausgiebige Feier verdient. Wer fünfzig wird, ist im allgemeinen ganz gut bei Kräften, hat einiges erreicht und darf doch noch hübsche Hoffnungen auf sich lenken. Und warum soll man nicht eine fünfzigjährige Republik beschenken, mit der man es bei allem Streit und Krampf doch leidlich gut gehabt hat?

Dazu kommt der unbequeme, teure Umzug – auch das ist für anständige Nachbarn ein Grund, wenigstens mit etwas Brot, Salz und Wein auf der Matte zu stehen.

Ein dritter Anlass, über Geschenke nachzudenken, ist die Erweiterung eines Ehevertrags. Die Gütertrennung zwischen der Bundesrepublik Deutschland und Europa ist abgeschafft, mit dem Euro wird die Phase der Gütergemeinschaft zwischen den Partnern besiegelt.

All das wird 1999 geschehen, Euro, Umzug, 50. Geburtstag, und es wäre sträflich, dies nur mit den üblichen Blumenkübeln, Reden, Phrasen, Fahnenflattern, Fernsehshows, Festumzügen, Essays, multiregionalen Bratwürsten und multinationalen Reispfannen abzufeiern.

Auf dem Metallgitter in der Luft über dem Potsdamer Platz belausche und beobachte ich die Leute um mich herum, ihre Neugier, ihre Skepsis, ihre Bewunderung. Ich vermute: Sie warten auf ein Zeichen, ein Signal, sie warten auf einen neuen Anstoß, nicht nur aus den Berliner Neubauten. Sie haben mit der Bundestagswahl ihre demokratische Reife gezeigt, sie haben wenig Angst vor der Zukunft. Keiner will zurück ins Wilhelminische, nur ein paar junge Schwachköpfe träumen vom Naziland, DDR-Nostalgiker werden aussterben – rund neunzig Prozent der Deutschen, Umfragen bestätigen es, wollen die Demokratie, umso mehr, wenn sie die Kraft zu Frische und Reformfähigkeit zeigt. Sie möchten mehr als arbeiten und wählen. Sie hätten nichts dagegen, mehr zu tun (das Echo auf die »Ruck«-Rede des Bundespräsidenten belegt es), sie wissen nur nicht: Wo anfangen in all dem Chaos, der Unübersichtlichkeit, dem Raffen und Gaffen.

Also, irre ich mich oder gibt es genügend Leute, auch einflussreiche, die der verbreiteten Selbstbedienungs- und Plünderungsmentalität zumindest zeitweise widerstehen können? Vielleicht ist da sogar eine Mehrheit, die kein Interesse daran hat, dass die Republik weiter verschuldet und erschlafft, orientierungslos und handlungsarm dahindümpelt, durch eigenen Reichtum und Mangel an Zivilcourage verwahrlost und sich mit ihren eigenen Gesetzen und Verordnungen stranguliert. Warum mit all diesen Leuten nicht einmal phantasieren: Wie beschenkt man eine reiche, fünfzigjährige, vom Umzug, von der Vereinigung und der grenzenlosen Weltökonomie etwas gestresste Republik?

Ein Wunschzettel gefällig?

Anfangen könnten die Ämter. Alle Ministerien, Verwaltungen und sonstigen Behörden des Bundes, der Städte, Länder und Gemeinden mögen sich verpflichten oder von ihren Chefs verpflichtet werden, ab 1999 zehn Prozent ihrer Dienstvorschriften, Verordnungen und Durchführungsbestimmungen abzuschaffen. In den folgenden drei Jahren weitere fünf Prozent (oder besser: zehn Prozent) der verbleibenden Menge von Vorschriften. Die allseits beklagte hohe Regulierungsdichte ist ja nicht nur ein Investitionshindernis, sondern blockiert auch Produktivität und Motivation und stiftet subversiv und nachhaltig zur allgemeinen Staatsverdrossenheit an. Da die Ratspräsidentschaft der EU im kommenden Halbjahr bei Deutschland liegt, müsste solch eine Gabe auch für Brüssel zur Lektion werden. Bei allem Verständnis für Gemütlichkeit: die Beamten könnten dem Staat kein schöneres Geschenk machen, als ihn zu entbürokratisieren.

Das nächste große Geschenk darf von den Banken erhofft werden: zehn Prozent Schuldenerlass für Bund, Länder und Gemeinden! Der Schuldenstand liegt bei 2190 Milliarden DM (1997), Tendenz steigend. Die Banken haben, das kann man ihnen nicht vorwerfen, von den Fehlern der Politik profitiert, nicht nur durch die gigantischen Zinseinnahmen. Doch ihr Hyperreichtum wird, wie Fachleute vorrechnen, immer mehr zu einem Risikofaktor für die Weltwirtschaft. Die Republik zu beschenken, die unsere Banken so mächtig hat werden lassen, wäre nicht nur ein Akt der Höflichkeit und des Respekts, sondern auch im eigenen ökonomischen Interesse. 219 Mrd. DM in einem Jahr weniger – erlassen, abgeschrieben –, das hört sich gewaltig an, aber de facto würde niemand ärmer werden. (Man verzichte bitte auf die Ausrede, alles Geld gehöre den Kunden.) Auch nicht, wenn von der verbliebenen Schuldensumme in den folgenden drei Jahren jeweils weitere fünf oder zehn Prozent als Verlust verbucht würden. Image- und Glaubwürdigkeits-Gewinn plus Konjunkturbelebung wären auf Dauer profitabler als ein Moratorium in ein paar Jahren. Und welch ein Aufatmen beim Lockern des Schuldenstricks!

Und zu welchen Präsenten könnte sich die tüchtige, weltberühmte deutsche Industrie entschließen? Beim Blick hinüber auf das eng geschachtelte, düstere, kleinmütige debis-Areal kann ich, zugegeben, nicht ganz verdrängen, dass die Firma, die hier bauen lässt, dank satter »Verlustvorträge« in Deutschland so gut wie keine Steuern zahlt. Daimler-Benz befindet sich da in bester Gesellschaft, die meisten Konzerne und größeren Firmen, europaweit und weltweit verflochten, sparen inzwischen in Deutschland mehr Steuern als in den schönsten Steueroasen. Die Globalisierung ist nicht zu umgehen und gleichzeitig zur wohlfeilen Ausrede dafür geworden, den Finanzämtern des Landes, das die Expansion ermöglicht und gefördert hat, leere Taschen vorzutäuschen.

Es ist nur ein bescheidenes Geschenk, das ich der gebeutelten Industrie vorschlage: Mindestens zehn Prozent der Summe, die ohne Bilanztricks und ohne Gewinnverschub in Deutschland zu entrichten wäre. Diese Gelder, auch das ein Wunschzettel-Wunsch, sollten ausschließlich an Schulen und Universitäten fließen – wenn gleichzeitig die verantwortlichen Bildungspolitiker an ihrem Geschenk arbeiten, das Bildungssystem gründlich im Hentigschen Sinne zu reformieren.

Und was sagt das gläserne Straußenei auf dem Reichstag den frisch gewählten Politikern?

Nein, mit einem Zehnprozent-Geschenk ist es nicht getan – obwohl die eine oder andere Verzichtsgeste nicht schaden würde. Können sie nicht, wenn sie schon von der Ökonomie und der EU degradiert werden, die Grundrechte (wieder) zum Dreh- und Angelpunkt ihrer Arbeit machen?

Und nebenbei effektiver werden durch eine deutliche Entkoppelung vom Lobby-System. Also: zehn Prozent weniger Lobbyisten-Gespräche. Abgeordnete, die neben- oder hauptberuflich für Firmen, Verbände und Gewerkschaften tätig sind, könnten der Republik kein besseres Geschenk machen, als ihr Mandat niederzulegen. Keine Sorge, hier will sich niemand in die Arbeit an der Regierungserklärung Gerhard Schröders einmischen. Doch ich hätte nichts dagegen, wenn, phantasievollen Leserinnen und Lesern weitere Geschenk-Vorschläge einfielen. Nur ein Prinzip sollte für alle Wunschzettel gelten:

Alles freiwillig, bitteschön. Kein verordneter »Solidaritätszuschlag« für Solipsisten. Nur freiwilliges Handeln zeigt, wie viel uns die Republik und die Freiheit wirklich wert sind. Nur so könnte die Geschenkidee wirken, Mode werden, anstecken. Oder muß man erst eine volkswirtschaftliche Gesamtrechnung aufstellen, um auch dem letzten DAX-fixierten männlichen Milchmädchen zu beweisen, dass solche Geschenke, selbst wenn sie manchem Geber weh tun, niemanden nennenswert ärmer machen? Gäbe es bessere Mittel, den Menschen in den neuen Bundesländern zu zeigen, wie ernst es den Demokraten mit der Demokratie ist? Wie dankbar die Gewinner der Einheit sein können? Gäbe es bessere Mittel, den europäischen Nachbarn zu beweisen, dass die Deutschen auch mal verzichten können? Bessere Mittel, die Berliner Republik zu einer wirklichen Bundesrepublik zu machen? Besseres für eine Entschlackungskur? Für die Zivilisierung der Gesellschaft? Für wirtschaftlichen Aufschwung? Für einen neuen Anfang, freiheitlich und weltoffen?

Die Geburtstags-Geschenk-Kampagne kann freilich nur gelingen, wenn die Reichsten und die Mächtigsten anfangen und leuchtende Vorbilder abgeben. Wenn die wohlhabendere Hälfte der Bevölkerung mitzieht und alle, die bei Kräften sind, über eigene Geburtstagsgeschenke nachdenken. Vielleicht kommen dann ganz am Ende sogar ein paar Arbeitslose mehr zum Spargelstechen.

So viel Patriotismus, Herr Delius? So viel Naivität? Ich weiß, ich mache es den Alleswissern und Hämebubis leicht. Aber sie unterschätzen, wie immer, meine Ironie. Und während sie mir beweisen, dass eine Nimm-Gesellschaft unmöglich in eine Gib-Gesellschaft verwandelt werden kann, nicht einmal für ein bis vier Jahre, nicht mal mit einem neuen Kennedy, (»Frag nicht, was Amerika für dich tut. Frage, was tust du für Amerika.«), sitze ich in einer Wilmersdorfer Sushi-Bar, die Russen gehört. Die Stimme der russischen Kellnerin, die das japanische Futter serviert, klingt fast wie die Roboterstimme aus der Sound-Box.

AM GENDARMENMARKT

saß ich als eigener Karriereberater. In den Tagen nach Göttingen hatte ich mit drei Büchern mein Preußen-Bild weiter entstaubt und poliert und fühlte mich wie ein Experte – über diesen Teil der deutschen Geschichte hätte ich schon mitreden können. Die Theorie war gefestigt, jetzt ging es an die Praxis: Ich versuchte, mich neu zu programmieren.

Zuerst musste das Preußen-Gelände sondiert und Berlin mit frischem Blick vermessen werden, mit forschendem, familiärem und Immobilien-Blick. Ich meinte die Stadt hinreichend zu kennen, seit dem Fall der Mauer auch die Mitte bis in die langweiligsten Nebenstraßen, aber nun fixierte ich zum ersten Mal meine Wahrnehmung auf alles, was nach Preußen aussah, und fand mich schon bei den ersten Ausflügen reich belohnt.

Zentraler Ort meines neuen Kultes wurde der neu hergerichtete Gendarmenmarkt. Da ich nun ungefähr wusste, wann die Dome und das Schauspielhaus gebaut worden, wann die Hugenotten nach Berlin gekommen, welches die beliebtesten Salons in der Charlottenstraße gewesen waren, begann ich die magische Anziehung der alten Bauten erst richtig zu spüren. Was ich bisher als gefällige Kulissen betrachtet hatte, wurde durch den informierten und familiär gefärbten Blick lebendig und von einem neuen, erhebenden Gefühl aufgeladen.

Am Gendarmenmarkt ließ sich am besten beobachten, was für eine Wohltat das Alte sein konnte, sogar wenn es rekonstruiert war. An keinem anderen Platz wirkten die Touristen so entspannt wie hier. Selbst die Leute ohne das gelangweilt-interessierte Staunen im Gesicht und ohne Fotoapparate atmeten auf, wenn sie in die Nähe der beiden Dome und des Schauspielhauses kamen. Sogar die eiligen Städter, Damen mit Einkaufstüten, Büromenschen auf dem Weg zum Lunch, liefen langsamer und ließen mindestens einmal die Blicke gefällig in die Runde schweifen. Dies Gefühl, mit dem Alten einverstanden zu sein, das ist es, was du anbieten musst, notierte ich. Es gibt so viele Gendarmenmärkte, du musst sie den Leuten nur zeigen.

Ich lernte Gebäude zu sortieren: Was königlich preußisch war, sah ich mit verliebten Augen an, was kaiserlich-preußisch war, kam mir unbedeutend vor, und was danach entstanden war, ließ mich gleichgültig. Alles, was schön ist in Berlin, so spitzte sich mein fröhlicher Gedanke zu, haben meine Ahnen bauen lassen oder gefördert.

Nicht allein die Pracht der Schlösser, die unter der Regentschaft der Vorväter oder des Urururururgroßonkels Fritz entstanden waren, nicht allein das Brandenburger Tor oder das Schloss Bellevue, die Onkel Friedrich Wilhelm II. hatte bauen lassen, alles bekam nun einen zarten familiären Anstrich. Mein Blick spiegelte sich im Ensemble der klassizistischen Bauwerke Unter den Linden und im unermesslichen Schaffen der Knobelsdorff-Langhans-Schadow-Schinkel-Rauch-Truppe, das ohne die großväterlichen Gönner und Auftraggeber nicht möglich gewesen wäre. Was die Touristen schätzten am alten Berlin und was sogar mürrische Berliner mit Stolz betrachteten, war nicht anders als durch königliche Befehle zustande gekommen. Was als sehenswürdig galt, Lindenoper, Zeughaus, Alte Bibliothek, Lustgarten, Tiergarten und die Parks bis zu den Bildern in den Museen, alles war der Tatkraft der alten Preußen und ihrer Könige zu verdanken. Und dann erst Potsdam!

Pflastersteine

Es freut mich, nicht der einzige Idiot zu sein. Alle stolpern sie über die Pflastersteine der deutschen Geschichte. Immer wieder Peinlichkeiten, wenn die Vergangenheit droht.

Ulli ist ein fleißiger Zeitungsleser und klärt mich auf, wie Berliner Politiker sich über die Frage ereifern, ob eine Straße an die Revolution von 1848 erinnern soll oder nicht. Die einen sind überhaupt dagegen, mit einem Straßenschild die 48er zu ehren – »aus Respekt vor den 48ern«. Die zuständigen Bezirkspolitiker sind dafür, sie wollen einen möglichst großen Platz umbenannt sehen – ihnen sind hundert Meter Straße zu kurz, das sei »eine Missachtung der 48er«. Der Verkehrssenator, von einer anderen Partei und eine Niete auf seinem Posten, verkündet mit Getöse, jenes kleine Stückchen Straße sei genau das richtige, um die Märzrevolution zu würdigen, weil diese Straße auf die Straße des 17. Juni münde, der »historische Kontext«! Ein Jubiläum droht, 150 Jahre, also soll alles rasch entschieden werden. Ein vierter Vorschlag, den Platz vor dem Gorki-Theater für die Märzrevolutionäre umzutaufen, weil hier gekämpft worden sei, wird von neuen Koalitionen verhindert. Wer heuchelt am meisten? Jeder schimpft gegen jeden, alle sind zuständig oder fühlen sich zuständig.

»Alle haben sie ihre Prinzipien, ihre eigenen Barrikaden«, sagt Ulli, ohne sich über das alles aufzuregen.

»An den Barrikadenkämpfen von 1848 hätten sie sich nicht beteiligt«, sag ich.

»Das ist unhistorisch gedacht«, sagt Ulli.

Küsse für den Grossen Kurfürsten

Der berühmte Mann residierte fast um die Ecke, im Schlosshof Charlottenburg. Ich ging ihn besuchen an einem grauen Vormittag, ich wollte ihm ein Interview entlocken.

Zuerst stand ich einige Minuten vor Schlüters Reiterstandbild, das ich stets nur mit flüchtigen Blicken gestreift hatte und zu kennen glaubte von Postkarten, Briefmarken und Bildbänden. Dann umkreiste ich wie ein Kunstkenner in deutlichem Abstand das Denkmal und näherte mich mit langsamen Schritten.

Friedrich Wilhelm war mit Mantel und Lederharnisch bekleidet, die Uniform eines römischen Feldherrn und Imperators, als hätte der Bildhauer den Kurfürsten in die Nähe der antiken Größen oder sich selbst in die Nähe der antiken Künstler rücken wollen. Lächerlich genug, an seinen nackten Beinen trug der Kurfürst Sandalen, mit denen man im öden, feuchten Brandenburg selbst im Sommer keine zehn Schritte hätte laufen können, ohne die Füße zu beschmutzen oder zu verletzen. Noch weniger passte die prächtige barocke Perücke auf den Kopf des nachgebildeten Römers. Der Reiter schien zu schwer und behäbig für das Pferd, das leicht und energisch bewegt wirkte, auch das ein irritierender Widerspruch.

Unten am Sockel vier angekettete, in Posen der Verzweiflung und Unterwerfung verharrende lebensgroße Männer. Ich wusste inzwischen einiges über den Herrn, der über sie triumphierte, aber nicht genug, um erklären zu können, weshalb der weitsichtigste, toleranteste und weiseste Fürst, den Brandenburg bis dahin gehabt hatte, mit vier halbnackten Sklavenfiguren abgebildet war.

Immer wieder versuchte ich das Gesicht des Kurfürsten zu fixieren und darin etwas zu lesen und zu entdecken, ein schmales großväterliches Lächeln, eine Regung, ein Blinzeln. Schon die Entfernung verhinderte das. Die Stufen, der Sockel, das Pferd hoben das Haupt des Kurfürsten in solche Höhen hinauf, fünf oder sechs Meter über den Boden, dass es nicht anders als starr, entrückt und gleichgültig wirkte. Die Bronze war überall am Kopf oxydiert, das schmutzige Grün entstellte seine Züge und machte sein Gesicht zur Fratze. Der Taubenschiss auf Perücke, Nase und Schultern zeigte, wie tot er war: einer, der nichts mehr riecht, nichts mehr sieht, sich nicht reinigt. Alles da oben blieb heroisch und ernst.

Ich redete den bronzenen Reiter mit Du an, stellte mich als sein Enkel in neunter Generation vor und erklärte ihm, warum es in Oranienburg Grund zum Feiern gebe. Nicht nur Luise Henriette, auch er hätte an diesem Tag ein paar Küsse verdient.

Dann führte ich für jeden Kuss zwei, drei Sätze zur Begründung an. Ein Kuss für den klugen Ehemann – für die treffliche Wahl der Luise Henriette von Oranien mit der grünen Hand. Ein Kuss für den Staatsmann – für die Verwandlung der Wüste Brandenburg in einen Staat mit zentraler Verwaltung. Ein Kuss für den weitsichtigen Strategen und Taktiker – für den Aufbau des Heeres und die Bündnispolitik. Ein Kuss für den Meister und Strategen der Toleranz – für das Edikt von Potsdam und die Einladung an die Hugenotten aus Frankreich und die Juden aus Wien. Ein Kuss für den Bauherrn – zum Beispiel für die Schlösser Caputh, Oranienburg, Köpenick, Potsdam. Ein Kuss für den Feldherrn – für die Schlacht bei Fehrbellin und die Vertreibung der Großmacht Schweden aus Brandenburg. Ein Kuss für den Anreger und Manager – die Einladung zur Einwanderung an Porzellanbäcker, Ingenieure, Architekten, Gartengestalter usw. Ein Kuss für den Stadtplaner – für die Anlage des Lustgartens und der Straße Unter den Linden. Ein Kuss für den Kunstmäzen und Bücherfreund – für die Errichtung der Kurfürstlichen Bibliothek, die später die Staatsbibliothek wurde. Ein Kuss für den Surrealisten – der von einer brandenburgischen Flotte träumte und sich diesen Traum erfüllte.

Bald bricht der Flieder los

Laufen hilft, im Tiergarten, der Frühling naht. Ausgelatschtes grünes Gelände, der Blätter- und Gräser-Käfig für Menschentiere. Autolärm von allen Seiten drängt mich auf die ruhigeren Wege und Wiesen. Jeder Baum, jeder Strauch, jede Blume spricht: Du bist mitten in Berlin, wie du dich auch drehst, wie du dich auch wendest. Unter dem Gras die Vulkane der Vergangenheit. Je tiefer du ins Grüne vordringst, desto eher wird dir plötzlich das Blickfeld frei auf die Brocken der Geschichte, auf Trümmer von Wilhelm, von den Nazis, von Stalin, von Ulbricht, auf die Gruben und Fassaden der neuen Bundesherrlichkeit. Es gibt kein Idyll in Berlin, hier auch nicht. Nur Türken können sich hier erholen. Oder Nackte, die auf sich selbst, oder Fußballer, die auf den Ball fixiert sind.

Der Tiergarten ein Freigehege, damit der Städter nicht so schnell durchdreht. Der Park ein Sozialarbeiter für potentielle Amokläufer. Also kommst du immer wieder her, seit rund dreißig Jahren, die Bäume sind gewachsen, der Kies ist erneuert, die Seen sind sauberer, die Denkmäler renoviert und beschmiert, die Bänke zehnmal gestrichen. Und du, wie hast du dich verändert?

Es grünt im Tiergarten, bald bricht der Flieder los. Ich lief die vertrauten Wege, nahm mir selbst die Parade ab, meine ganz persönliche Love-Parade. Ich überlegte: Mit welchen Frauen bist du hier gelaufen, mit welcher Hand in Hand, mit welcher im Streit, welche hast du hier geküßt? Und mit stillem Begehren dachte ich an die, die so gerne in Sommernächten mit mir unter den Büschen lag, an das lustige Viertelstundenvögeln nah der Siegessäule.

George-Grosz-Platz

Wer bin ich? Ein Arbeitsloser im Café. Einer mehr, fällt gar nicht auf. Aus den Lautsprechern Klaviermusik, Chopin, leise. Klang nach Pollini. Besänftige meine Sorgen, wie lange das Geld reicht. Pianisten kriegen immer Arbeit. Wenn sie Pollini heißen. Wär ich Pianist, könnte ich bei meinem Standard leicht einen Job finden und zur Happy Hour in Hotelhallen aufspielen. Sollte mir einen italienischen Namen zulegen. Pollini spielte, die Vormittagsgäste sahen unbeschwert aus, ich dachte wieder mal: das falsche Instrument.

Drei Tische weiter ein Mann meines Alters, auch mit Notizbuch. Noch ein entlassener Künstler? Oder gibt es wieder Dichter, die in Cafés schreiben?

Draußen ein Bus, protzig dick die Frage ans Oberdeck gemalt: Wer hat den Überblick? Ja wer. Ich zahlte. Wer behauptet, den Überblick zu haben, muss verrückt sein. Es ist die Reklamefrage der »Berliner Zeitung«. Journalisten haben es leicht, die rücken das Verrückte in die Ordnung der Ressorts. Wollte die Zeitung sofort kaufen. Vielleicht sollte ich mich in Ressorts aufteilen.

Auf dem kleinen Platz, den früher ein Kiosk mit der internationalen Presse geschmückt hatte, stand jetzt nur eine chromblitzende City-Toilette. Der Platz wurde nach George Grosz benannt. Erst zwei Straßen weiter ein Zeitungsladen. Nein, kein Lotto. So verrückt wie achtzehn Millionen Lottospieler bin ich noch nicht.

Eine City-Toilette, wo es, als wir noch Provinz waren, die Weltpresse gab – nun wappnet sich die Weltstadt mit schicken Latrinen gegen den Verfall.

An einem leicht bewölkten Frühlingsabend

auf dem Weg vom östlichen in den westlichen Teil der Stadt, hielt ich, da der volle Mond mich lockte, unweit der Philharmonie das Auto an und begann einen Spaziergang, furchtlos in den Tiergarten hinein. Die Lust auf frische Luft und Bewegung war stärker als die dumme Angst, überfallen zu werden, ich hatte ohnehin nur wenig Geld in der Tasche, die Nacht war hell.

Zwei unerfreuliche Stunden in der Humboldt-Universität lagen hinter mir, eine Debatte: Pro und contra Preußenjahr 2001. Nach deutscher Art schlugen wir uns die Köpfe ein wegen einer Sache, die erst in einem Jahr stattfinden sollte und über die selbst die Experten nichts Genaues wussten. Ich ärgerte mich, weil ich auf die Überredungskunst eines Professors (»Ohne Sie als Erfinder des Preußenjahres kann die Debatte gar nicht stattfinden, Herr Rusch« usw.) hereingefallen war. Zur Strafe hatte ich nun zwei Stunden lang Fronten abstecken müssen gegen einen unkundigen Journalisten und gegen einen selbstgefälligen Historiker, mit dem ich schon öfter aneinandergeraten war. Am meisten enttäuschten mich die Studenten. Bei meinem Satz: »Es gibt die Pflicht, nicht nur an sich selbst zu denken!«, gab es höhnischen Beifall. Das Kontern mit Zitaten von Wilhelm von Humboldt hatte nicht geholfen. »Die Menschenrechte reichen doch, die sind präzise, da brauchen wir keine preußischen Tugenden!«, schrie ein Student, und ich musste ihm leider Recht geben.

Während überall im Lande die leidenschaftliche Nachfrage nach meinen Thesen und Meinungen zu spüren war, hatte ich ausgerechnet hier, Unter den Linden, an der Wiege aller Preußen-Herrlichkeit, eine Pleite einstecken müssen.

So rasch wie möglich wollte ich alles vergessen. In den Büschen und Bäumen lauerte das erste Grün, und der Schein des Mondes besänftigte meine Empörung. Auf den Wegen, die mich tiefer in den Park führten, ließ der Lärm der Autos nach, der aus den östlichen Richtungen und vom Potsdamer Platz heranwehte. Solche Debatten nicht mehr mitmachen, sagte ich mir, schon gar nicht dort, wo die beamteten Rechthaber sitzen, in den Universitäten. Nicht verheddern, nur noch da auftreten, wo es dir nützt und wo du glänzen kannst. Was willst du in den verschmierten, muffigen, finsteren Höhlen der Akademiker! Du bist ein Mann des Scheinwerferlichts, des Fernsehens, der Medien. Also für das Uni-Volk nur ein Hassobjekt.

Eine Weile schritt ich so in den Gedanken fort, als ich unerwartet bei einem kleinen, von hohen Bäumen rings umgebenen Teich anlangte, hinter dem, auf einer leicht erhobenen Insel, eine hohe Gestalt aufragte. Der Mond, der eben hinter einer Wolke hervortrat, beleuchtete scharf die Umrisse einer Frau. In reich gewandeter Schönheit, auf einem hohen Sockel stehend, schien sie genau in meine Richtung nach unten zu blicken, auf den Teich vor meinen Füßen. Eine Göttin, eben aus den Wellen aufgetaucht oder vom Himmel geschwebt, die im Wasserspiegel zwischen den aus der Tiefe aufblitzenden Sternen das Bild ihrer eigenen Schönheit betrachtete. Ein leises Rauschen ging durch die Bäume ringsumher.

Ich stand wie angewurzelt im Schauen. Die Statue der Königin Luise, so viel sagte mir der Verstand. In dieser Ecke des Tiergartens war ich nicht oft gewesen und immer achtlos an der steinernen Schönheit vorbeigelaufen. Ich ging um den Teich herum, näher heran, und starrte hinauf. Die auf dem schlanken Sockel in der Luft schwebende Frau kam mir wie eine lange gesuchte, plötzlich erkannte Geliebte vor, aus der Frühlingssehnsucht und der träumerischen Stille meiner Jugend heraufgewachsen.

Je länger ich hinaufsah, desto mehr entglitt mir alle Vernunft und ich versank in den Wonnen einer wundersamen Illusion. Es schien mir, als schlüge Luise die Augen langsam auf, als wollten sich ihre Lippen bewegen zum Gruß, als blühe Leben wie ein Gesang durch die schönen Glieder herauf. Ich wehrte mich, wollte in der Gestalt zuerst Jutta sehen, dann die Hamburger Marie, dann die Jugendliebe L., aber alle Versuche der Rettung schlugen fehl: Sie blieb die Mädchenkönigin

Paar unter dem Beethoven-Denkmal
Tiergarten, 1975

Luise, die von mir beachtet und verehrt werden wollte. Lange hielt ich die Augen geschlossen vor Scham, Wehmut und Entzücken.

Als ich wieder aufblickte, zogen Wolken vor den Mond, ein stärkerer Wind bewegte die Blätter. Das milde Gesicht sah mich aus zeitloser Stille an, mit einer Liebe, die ich in diesem Augenblick allein auf mich gerichtet wissen wollte. Bis ins Herz getroffen verließ ich den Ort, immer schneller eilte ich dem Auto zu. Im Rauschen der Bäume hörte ich, bevor es mehr und mehr vom Rauschen der Motoren und Reifen übertönt wurde, ein Flüstern: Komm wieder, komm wieder, Albert!

Luise, Königin

Aller Ruhm beginnt damit, dass jemand sich nicht an Erwartungen und Vorschriften hält, aus der Reihe tanzt und eigensinnig bleibt. Auch die Geschichte der Luise.

Im Dezember 1793 rollt eine elegante grüne Kutsche von Darmstadt nach Berlin. Zwei junge Prinzessinnen sitzen darin, begleitet von ihrem Vater, dem Bruder und der Großmutter. Luise von Mecklenburg-Strelitz ist mit dem preußischen Kronprinzen Friedrich Wilhelm verlobt, ihre Schwester Friederike mit dessen jüngeren Bruder Ludwig, und in den Weihnachtstagen soll die Doppelhochzeit gefeiert werden. Aschaffenburg, Würzburg, Hildburghausen, Erfurt, Leipzig, überall jubelt man den schönen Bräuten zu. Die Umschwärmten sind siebzehn und fünfzehn Jahre alt, sie spielen mit, sie staunen, wie der Jubel von Meile zu Meile zunimmt. In Potsdam steigen die beiden Prinzessinnen in den goldenen Galawagen der königlichen Familie um, begleitet nicht mehr von Vater und Großmutter, sondern von zwei Hofdamen, die ihnen als Aufpasserinnen zugeteilt sind. Ganz Berlin ist auf den Beinen, Unter den Linden stehen die Bürger Spalier, Gilden, Zünfte, Deputationen salutieren. Kurz vor der Oper hat man eine Ehrenpforte erbaut, die Stadtoberen geben Huldigungen ab, Kinder singen, und ein Mädchen überreicht Luise einen Myrtenkranz und ein Gedicht. Da geschieht das Unerhörte: Luise umarmt das kleine Mädchen und küsst ihr die Stirn. Die Hofdame Voß ruft entsetzt: »Mein Gott, was haben Eure Königliche Hoheit getan, das ist ja gegen allen Anstand und Sitte!« Und Luise: »Wie, darf ich das jetzt nicht mehr tun?« Am nächsten Tag kennt ganz Berlin diese Antwort, und eine Legende entsteht, eine Lesebuchgeschichte. Ein richtiger Satz im richtigen Moment – und Luise ist ein Star. Eine künftige Königin, eine Frau von bestechender Schönheit und Anmut, doch was sie wirklich populär macht, sind ihre Natürlichkeit, ihre Liebe zu den einfachen Leuten und ihre spontanen Rebellionen gegen die höfische

Etikette. Lebenslustig, klug, sinnlich, solch eine Frau eckt bei den Hofschranzen an, wird beliebt im Volk und ein Leitbild für das erwachende Bürgertum.

Den größten Skandal aber macht die Liebe. Es spricht sich herum, dass Friedrich Wilhelm und Luise sich wirklich lieben. Eine Liebesheirat in allerhöchsten Kreisen, das hat es in Preußen seit Menschengedenken nicht gegeben. Friedrich Wilhelm II. war berüchtigt für seine Casanova-Allüren, Friedrich der Große für seinen Weiberhass und Friedrich Wilhelm I., der Soldatenkönig, für seine Tyrannei gegenüber Frau und Kindern. Und nun: Friedrich Wilhelm III. und Luise, ein Liebespaar auf dem Thron, eine Liebe, die auch nach der Geburt der Kinder nicht nachlässt, es werden neun Kinder in vierzehn Jahren. Auch in anderen Herrscherhäusern Europas kennt man eine solche Sensation kaum: Ein König, der seine Frau verehrt und respektiert, auch ihre gelegentlichen Flirts mit anderen Herren aushält und ihr treu bleibt, und eine galante Königin, ebenso treu, die selbstbewusst, eigensinnig und einfühlsam ihrem Mann beisteht, sogar mit klugem Rat. Von den vielen Geburten geschwächt, von den nasskalten ostpreußischen Wintern angeschlagen, von den Demütigungen Napoleons erschöpft, starb sie im Sommer 1810, nur ein halbes Jahr nach der Rückkehr aus dem Exil. Sie war 34 Jahre alt. Von allen vermisst und betrauert, wurde sie sogleich zur Nationalheiligen. Gerade weil sie so jung gestorben, weil kein Schatten des Alters auf ihr Gesicht gefallen ist, stieg sie in die Aura der Unsterblichkeit auf. Eine preußische Venus und Madonna. Den Deutschen, zumal den Preußen, haftet nicht gerade der Ruf an, einen feineren Sinn für Erotik entfalten zu können. Luise scheint da eine Ausnahmegestalt gewesen zu sein. Luises Erotik und der preußische Militarismus – ein größerer Gegensatz ist schwer denkbar. Aber aus solchen Gegensätzen formt sich die Welt. Luise stellte, wenigstens für siebzehn Jahre, einmal das Gleichgewicht zwischen Eros und Thanatos her. Eine solche Ausnahme auf deutschem Boden ist alle Legenden, Biographien, Denkmäler und Gedenkstätten wert.

Logischer Garten

U-Bahn Zoo, der Stationsvorsteher sang mit tiefem Bass wie Sarastro: »Zoo. Logischer Garten.«

Neue Zeit

Die Berliner Taxifahrer warnen sich nicht mehr wie früher vor Polizeikontrollen und Radarfallen, weil sie froh sind um jeden Kollegen Konkurrenten, der erwischt wird und für einige Monate nicht fahren darf. Die neue Zeit bricht an.

Café am Nollendorfplatz

Viele Paare an den kleinen Tischen, die unecht, wie gestellt wirkten. Die Herren, Neo-Macho-Typen, zwischen 25 und 40, handybewaffnet, breitbeinig sitzend. Die Mädchen, stark herausgeputzt, um die 20, mit aufgesetzt unschuldigen Blicken. Sie versuchten, stolz und großstädtisch zu wirken, sahen trotzdem aus wie verraten. Noch nicht verkuppelt, noch nicht heruntergekommen, aber es war schon zu ahnen, sie werden die Verlierer sein in diesem Geschäft, das mit Cappuccino oder Prosecco begossen wurde.

Plötzlicher Hass auf die gepflegten Räubergesichter. Berlin wird russischer bei allgemeiner Italienisierung der Oberfläche.

Teufelsbergblick

Von meinem Arbeitszimmer in Halensee hatte ich in den achtziger und neunziger Jahren den besten Ausblick auf den Teufelsberg. Allen nichtberlinischen Besuchern, die sich über das moscheeartige Gebäude auf dem bewaldeten Berg wunderten, erklärte ich: Da hören die Amerikaner und Briten die ganze DDR ab und Russland bis zum Ural und wahrscheinlich auch uns hier, wenn sie wollen. Ich kann sie nicht abhören, aber ich beobachte sie, wie sie da arbeiten hinter Beton und Radarmaschinen, zu unserem Schutz oder zu unserem Schaden, wer weiß das so genau. Beim Schreiben der Romane und Erzählungen immer wieder dieser Fixpunkt: da hören sie, hier schreibe ich. Ein nützlicher Widerspruch, der Teufelsbergblick.

Zehn Jahre ging der Schreibtischblick in eine andere Richtung, doch seit 2005 ist er wieder da, der Teufelsberg, jetzt mit den beiden Wind und Wetter und Vandalen ausgelieferten Abhör-Turm-Ruinen, den letzten noch nicht wegsanierten Ruinen des Kalten Krieges. Die Lehren der Geschichte, so banal wie berauschend: Da hörten sie uns ab und den Rest der halben Welt, da die Vergangenheit. Hier, in der Gegenwart, schreibe ich, sichtbarer und hörbarer denn je. Das ist, vielleicht, ein Gewinn, aber kein Grund für Triumphe. Die Abhörer, auch nicht faul, hören inzwischen woanders ab, müssen immer neue Verstecke suchen, getarnt bis zur Unkenntlichkeit im unendlichen Netz aus Nullen und Einsen, ruhelos und verdammt zu ewigem, flächendeckendem Misstrauen. So huscht in jedem Teufelsbergblick ein flüchtiger Gedanke an die keinesfalls schwindende, subversiv wachsende Kraft der Literatur, der Phantasie, der Freiheit, der Präzision vorbei.

Auf dem Teufelsberg
Charlottenburg, 1975

Dt. Widerstand

Dt. Widerstand, immer wenn die Schrift aufleuchtet für die Haltestellenanzeige im Bus am Schöneberger Ufer, denk ich: Wie stolz sind wir auf das bisschen Widerstand von ein paar zu spät aufgewachten Offizieren, dass wir sogar die Bushaltestelle benennen müssen, damit jeder Ausländer merkt oder jeder Deutsche sich noch mal auf die Schulter klopfen kann: Ja, wir hatten einen Widerstand, einen Dt. Widerstand, und wir bekennen es laut, sogar im Bus 129!

Fast an jeder Strassenecke

Ein BVG-Angestellter im Vorruhestand schwängert mit Hilfe von Viagra seine junge polnische Putzfrau, lässt sich von der bisherigen Frau, Krankenschwester noch im Dienst, scheiden und zieht mit der Polin nach Polen, wo die junge Familie von der Berliner Rente recht gut lebt, und diesen Umzug begründet jener Rentner, der übrigens zum ersten Mal Vater wird, auch mit dem Argument, dass er in Polen vor dem Terrorismus besser geschützt sei als in Berlin.

Solche Geschichten, die man heute fast an jeder Straßenecke hören kann, demonstrieren recht hübsch, was sich seit 1989 alles verändert hat. Vor Jahren wären sie unvorstellbar gewesen. An Stoff fürs Schreiben fehlt es also nicht, das ist schon mal sicher. Aber das ist auch das einzige, was sicher ist.

für den Radfahrer, der mich totfahren wird

Fast! Fast hätte er mich erwischt, der Radfahrer, der von hinten kam, sehr schnell oder viel zu schnell. Auf dem breiten Bürgersteig der Leonhardtstraße, einer der freundlichen Straßen Charlottenburgs, schlenderte ich an einem hellen Februartag vor mich hin, die Blicke mal in Schaufenster, mal auf Passanten werfend, vorzugsweise auf die weiblichen, hin und wieder trifft man ein bekanntes Gesicht. An diesem Mittag fühlte ich mich besonders heiter gestimmt und dachte, in einem der kleinen Lokale einen Teller Nudeln zu essen. Es lag ein Hauch von Frühling, ein leichter Schwung von Zukunft in der Luft, ich schritt fester aus und schwenkte nach rechts, um auf die Speisekarte am Fenster zu schauen.

Nein, ich hörte ihn nicht, ich hörte nur das Quietschen einer Bremse, das Reiben von Reifen auf Steinplatten. Dann kam ein Vorderrad geschossen, rammte, noch nicht ausgebremst, mein rechtes Knie, ich knickte zur Seite, geriet ins Taumeln, wich zurück und schaffte es, durch welches Wunder auch immer, aufrecht zu bleiben. Noch unsicher auf den Beinen, sah ich mich von einem Mann mit Helm und einem schräg gestellten Fahrrad in die Zange genommen. Der Helmkopf schien eine Sekunde lang bereit, den Angriff mit einem Schlag gegen meinen ungeschützten Schädel oder meinen Brustkorb fortsetzen zu wollen, er Zidane, ich Materazzi, dachte ich später, obwohl ich den Gegner nicht provoziert, nicht einmal angesprochen hatte. Er war so nah, dass ich den Mundgeruch des Rasers hätte spüren können, aber da war kein Mundgeruch, da waren nur die Augen meines Mörders. Ich rief als erster »Idiot!«, der Helmmann, vielleicht Ende dreißig, zog sein Rad, ein robustes Gefährt, von mir weg, raunzte, nun mit ein, zwei Meter Abstand: »Selber Idiot!« und fuhr davon, auf dem breiten Bürgersteig Richtung Amtsgericht.

Mörder, das scheint übertrieben. Aber da ich, meines soliden, flatternden Herzens wegen, mit verdünntem Blut durch die

Gegend laufe, bliebe es nicht bei Knochenbrüchen, Hautabschürfungen und dem einen oder anderen Trauma. Da genügt ein Sturz mit dem Kopf auf beliebige Steine, um eine Gehirnblutung auszulösen, die schwer zu stoppen ist und rasch zum Tode führen kann. Klar, das wissen die Damen und Herren Radraser nicht, ich mag das auch nicht groß auf meine Hüte oder auf die Stirne schreiben. Insofern sind sie, ohne Vorsatz, ohne sogenannte Heimtücke, keine Mörder. Aber sie können mich trotzdem im Handumdrehen umnieten, auch wenn sie, juristisch gesehen, sich nur einer fahrlässigen Tötung schuldig machen vor allem dann, wenn sie auf dem Bürgersteig fahren und älter als acht Jahre sind.

Ich atmete durch, schickte dem Kerl noch ein paar Flüche hinterher, erst dann fasste mich der Schreck: Das war knapp! Es beruhigte mich nicht, dass ich ähnliche Situationen immer mal wieder erlebe. Zugegeben, es ist auch schon vorgekommen, dass ich, zum Beispiel beim voreiligen Betreten eines Radwegs, der Unvorsichtige war. Aber im allgemeinen sind es vereinzelte Raser, die zumeist da, wo sie gar nicht fahren dürften, es ausgerechnet auf mich abgesehen haben.

Die Gefahren der balancierenden Fortbewegung auf zwei Rädern sind mir aus der Perspektive der Autofahrer, Radfahrer und Fußgänger bekannt, ich halte mich selber für einen tüchtigen Pedaltreter, der in jedem Gelände und bei jeder Verkehrslage seine Erfahrungen gemacht hat, allerdings die Bürgersteige meidet. Trotzdem nützt das dem Fußgänger wenig, der alle paar Monate einen neuen Schrecken, ein Erlebnis dieser Art zu verarbeiten hat.

Es mag mein Pech sein, zu der Sorte Menschen zu gehören, die vor dem Abbiegen nach links oder rechts den richtigen Arm ausstrecken und auch sonst durch Beachtung der Regeln und gelegentliche Ermahnungen von Wildfahrern auffallen. Und es mag meine spezielle Marotte sein, dass ich nach jedem Beinahzusammenstoß mit einem Radfahrer an Ruth Klüger denken muss, die drei Konzentrationslager überlebt hat, in die USA emigrierte und, bei einer Gastprofessur in Göttingen von einem studentischen Radraser aufs Pflaster geschleudert, fast umgebracht worden wäre und monatelang im Krankenhaus liegen musste.

Ich bin nicht klüger, und es ist wieder einmal gut gegangen. Den Trost, im Recht zu sein, wenn man totgefahren wird, brauchte ich nicht zu aktivieren, der fahrlässige Totschläger musste auf seine Anklageschrift noch warten. Ich konnte die Beine, die Arme wie gewohnt bewegen und den Kopf recken, ich musste nicht, benommen auf dem Pflaster liegend, auf den Krankenwagen warten. Jetzt spürte ich richtigen Hunger, und noch ehe ich in dem kleinen Lokal Platz genommen hatte, stellte sich der vertraute Gedanke ein, der sich selbst beim Lesen der Speisekarte nicht verdrängen ließ und den ich, seiner Komik wegen, auch gar nicht verdrängen wollte: das wird wahrscheinlich deine Todesart sein, umgelegt von einem Radraser mitten in Berlin.

Warum auch nicht, mein Kindheitsglück war von diesem Fahrgerät mit zwei Rädern, Lenker und Sattel bestimmt, mit Klingeln und Kilometerzählern, warum sollten die Götter der Ironie mir zum Abschied nicht das Altersunglück mit einem Fahrrad bescheren? Vielleicht ist es sogar ein Glück, kurz und knapp, viel besser als hundert andere Todesarten?

Wenn das so ist oder so kommen sollte, dachte ich, nicht mehr schlotternd vor Schreck, dann heißt es vorbereitet sein. Nicht überrumpeln lassen, nicht die Knie umrammen lassen, stürzen und einfach aus der Welt verschwinden. Dann soll der Radfahrer – es kann natürlich auch, weniger wahrscheinlich, eine Radfahrerin sein – nicht nur mit einer kleinen Portion Reue und Strafe davonkommen. Dann soll der Raser wissen, dass er mit seiner Fahrlässigkeit nicht nur einen Menschen, sondern einen Schriftsteller oder Dichter totgeschlagen hat. Und nicht nur einen Dichter, sondern ein paar ungeschriebene Bücher dazu. Und wenn ihm das, wie zu erwarten, wurscht ist, dann sollen wenigstens die lesenden Kreise erfahren, was ihnen entgangen sein wird.

Sammle deine Ideen, Skizzen, Projekte in einem Buch für den Radfahrer, der dich totfahren wird. Schau ihm ins Auge, dem Tod mit Sturzhelm. Wenn es dir bestimmt sein sollte, durch solch einen Typen ums Leben zu kommen, dann stell dich darauf ein mit aller Phantasie und bau dir eine Strategie, schreib an gegen ihn. Wenn du passiv bleibst, wird es am Ende nur die Vierzeilen-Meldung im Lokalteil geben: »Büchnerpreisträger ... nach Unfall mit Radfahrer ... seinen Verletzungen erlegen.«

So dachte ich, als ich, in neu erwachter Heiterkeit, das frische Brot ins Öl stippte und zum Mund hob. Mach ein bisschen mehr daraus. Ein Buch, ein Tagebuch, ein Skizzenbuch, am besten ein BLOG FÜR DEN RADFAHRER, DER MICH TOTFAHREN WIRD.

Quellen- und Copyright-Hinweis

9 Der Bahnhof die Mitte der Insel: Bahnhof Berlin, hg. v. Katja Lange-Müller, München: dtv, 1997
11 Großer Zoo: Kerbholz. Gedichte. Berlin: Wagenbach, 1965
12 Grüne Woche: Amerikahaus und der Tanz um die Frauen. Erzählung, Reinbek: Rowohlt, 1997
16 Rache für Schaschlik: Kerbholz. Gedichte. Berlin: Wagenbach, 1965
17 Eine Stadt, die sich dreht: Amerikahaus ... Reinbek: Rowohlt, 1997
20 Briketts: Amerikahaus ... Reinbek: Rowohlt, 1997
22 Kreuzberg: Kerbholz. Gedichte. Berlin: Wagenbach, 1965
23 Dahlem, parteilos: Kerbholz. Gedichte. Berlin: Wagenbach, 1965
24 Überall Künstler: Amerikahaus ... Erzählung, Reinbek: Rowohlt, 1997
25 Tanz durch die Stadt: Amerikahaus ... Reinbek: Rowohlt, 1997
27 Ruhige Minute in Steglitz: Wenn wir, bei Rot. Gedichte. Berlin: Wagenbach, 1969
28 Heute: Kerbholz. Gedichte. Berlin: Wagenbach, 1965
29 Zum Italiener: Amerikahaus ... Reinbek: Rowohlt, 1997
31 Ebend: Amerikahaus ... Reinbek: Rowohlt, 1997
34 Die schlimmste Störung: Amerikahaus ... Reinbek: Rowohlt, 1997
35 Aufstiegsrunde: Wenn wir, bei Rot. Gedichte. Berlin: Wagenbach, 1969
36 Im Schnee am Lietzensee: Mein Jahr als Mörder. Roman. Berlin: Rowohlt Berlin, 2004 (hier leicht gekürzt)
37 Chaplin in Zehlendorf, ebda. (leicht gekürzt)
39 Alles war anders: Süddeutsche Zeitung, 30./31. Mai 1998
44 Fata Morgana auf dem Teufelsberg: Mein Jahr ... Berlin: Rowohlt Berlin, 2004 (hier leicht gekürzt)
45 Gruß aus Berlin: Die Welt, 16.6.1962. Auch in: Selbstporträt mit Luftbrücke. Ausgewählte Gedichte. Reinbek: Rowohlt, 1993
46 An der Grenze: Transit Westberlin. Erlebnisse im Zwischenraum. Berlin: Chr. Links Verlag, 1999
50 Schule der Diktatur: Transit Westberlin ... Berlin: Chr. Links Verlag, 1999
54 Schmährede auf Berlin ...: Mein Jahr ... Berlin: Rowohlt Berlin, 2004
57 Alle duckten sich: Als die Bücher noch geholfen haben. Biografische Skizzen. Berlin: Rowohlt Berlin, 2012
60 Wasserspiele: Die unsichtbaren Blitze. Gedichte. Berlin: Rotbuch, 1981
62 Die andere Hälfte: Als die Bücher ... Berlin: Rowohlt Berlin, 2012 (hier leicht gekürzt)
66 Ballade Berlin: Die unsichtbaren Blitze ... Berlin: Rotbuch, 1981
70 Rathenauplatz: Manuskript, 1998
73 Cavallo bianco: Die Nacht, in der die Mauer fiel. Schriftsteller erzählen vom 9. November 1989, hg. R. Deckert. Berlin: Suhrkamp, 2009

76 Plötzlich im Havelland: Die Verlockungen der Wörter oder Warum ich immer noch kein Zyniker bin. Berlin: TRANSIT, 1996
79 Der kleine Unterschied: Berliner Zeitung, 15. Juli 1991
81 Selbstporträt mit Luftbrücke: Selbstporträt mit Luftbrücke. Ausgewählte Gedichte. Reinbek: Rowohlt, 1993
84 Optimistenbunker: Die Flatterzunge. Erzählung. Berlin: Rowohlt Berlin, 1999 (hier gekürzt)
86 Sony: Die Flatterzunge … Rowohlt Berlin, 1999
88 Sponsoren: Die Flatterzunge … Rowohlt Berlin, 1999
89 Neujahrswunsch 1996: SFB 3, Journal in 3, 2. Januar 1996
94 Keine Courage: Der Tagesspiegel, 27. Dezember 1998
96 Wunschzettel auf dem Forum …: DIE ZEIT, 29. Oktober 1998
104 Am Gendarmenmarkt: Der Königsmacher. Roman. Berlin: Rowohlt Berlin, 2001
106 Pflastersteine: Die Flatterzunge … Rowohlt Berlin, 1999
107 Küsse für den Großen Kurfürsten: Der Königsmacher … Rowohlt Berlin, 2001 (hier gekürzt)
109 Bald bricht der Flieder los: Die Flatterzunge … Rowohlt Berlin, 1999 (hier leicht gekürzt)
110 George-Grosz-Platz: Die Flatterzunge … Rowohlt Berlin, 1999 (hier leicht gekürzt)
111 An einem leicht …: Der Königsmacher … Rowohlt Berlin, 2001
115 Luise, Königin: Deutsche Gestalten, hg. v. Hartmut von Hentig, Sten Nadolny u.a.. München: dtv, 2004
117 Logischer Garten, Neue Zeit, Café am Nollendorfplatz: Die Flatterzunge … Rowohlt Berlin, 1999
118 Teufelsbergblick: Manuskript 2014
120 Dt. Widerstand: Die Flatterzunge … Rowohlt Berlin, 1999
121 Fast an jeder Straßenecke: Manuskript, 2003
122 Für den Radfahrer, der mich …: Manuskript, 2014

Die Rechte an den hier aufgenommenen Texten aus den Büchern *Amerikahaus und der Tanz um die Frauen, Die Flatterzunge, Der Königsmacher, Mein Jahr als Mörder, Als die Bücher noch geholfen haben* liegen beim Rowohlt Verlag, Reinbek, bzw. beim Rowohlt Berlin Verlag, Berlin. Wir danken für die Abdruckgenehmigung.

Die Rechte an dem hier aufgenommenen Text aus *Die Verlockungen der Wörter* liegen beim TRANSIT Buchverlag Berlin.

Die Rechte an allen anderen Texten liegen bei Friedrich Christian Delius. Die Gedichte werden in dem Band »Unsichtbare Blitze« (Gedichte 1962-1992) im Rahmen der Werkausgabe in Einzelbänden bei rororo ab Februar 2015 wieder lieferbar sein.

Friedrich Christian Delius, geboren 1943 in Rom, aufgewachsen in Hessen, lebt seit 1963 Berlin, unterbrochen durch längere Aufenthalte in London, Nijmegen, Bielefeld, USA, Rom. Zuletzt erschienen von ihm »Bildnis der Mutter als junge Frau«, »Als die Bücher noch geholfen haben. Biografische Skizzen« und »Die linke Hand des Papstes« (Rowohlt Berlin). Im TRANSIT Buchverlag erschienen »Die Verlockungen der Wörter« und »Die Minute mit Paul McCartney«.
 2011 erhielt er den Georg-Büchner-Preis.
 www.fcdelius.de

Renate von Mangoldt, 1940 in Berlin geboren, 1961-1963 Besuch der Bayerischen Staatslehranstalt für Photographie in München, 1964-2000 Fotografin im Literarischen Colloquium Berlin. Zahlreiche Veröffentlichungen, zuletzt: »Autoren. Fotografien 1963-2012«.